U0873330

旅游行业中小企业经营管理

徐　宏　编著

西南交通大学出版社
·成　都·

图书在版编目（C I P）数据

旅游行业中小企业经营管理 / 徐宏编著. —成都：西南交通大学出版社，2019.6
ISBN 978-7-5643-6915-6

Ⅰ. ①旅… Ⅱ. ①徐… Ⅲ. ①旅游企业 – 中小企业 – 企业经营管理 – 研究 Ⅳ. ①F590.65

中国版本图书馆 CIP 数据核字（2019）第 116009 号

Lüyou Hangye Zhongxiaoqiye Jingying Guanli

旅游行业中小企业经营管理

徐 宏 编著

责任编辑	孟秀芝
封面设计	原谋书装
出版发行	西南交通大学出版社 （四川省成都市金牛区二环路北一段 111 号 西南交通大学创新大厦 21 楼）
邮政编码	610031
发行部电话	028-87600564　028-87600533
网址	http://www.xnjdcbs.com
印刷	四川森林印务有限责任公司
成品尺寸	185 mm × 260 mm
印张	10.5
字数	261 千
版次	2019 年 6 月第 1 版
印次	2019 年 6 月第 1 次
定价	32.00 元
书号	ISBN 978-7-5643-6915-6

前　言

中小企业是国民经济中一支重要且活跃的力量，在世界各国经济发展中都起着战略性作用。随着世界经济一体化及知识经济时代改革的深入，无论是发达国家还是新兴的发展中国家和地区，都在积极扶持中小企业的发展及其相关研究。美国政府将中小企业称为“美国经济的脊梁”，日本经济学家认为“没有中小企业的蓬勃发展就没有日本的繁荣”，德国则认为中小企业是“国家经济的重要支柱”。国际经济界普遍认为，中小企业将是 21 世纪经济发展的主要动力之一。同世界其他国家和地区一样，我国中小企业同样在经济社会发展中具有极其重要的地位和作用，关系国民经济持续发展。但是，也有相当多中小企业在扩张过程中走向灭亡，甚至出现了“一大就死”的现象。相关研究表明，中国企业的平均寿命为 7.5 年，而中国中小企业的平均寿命只有 2.9 年。

作为国民经济的重要力量，旅游行业中小企业（以下简称“旅游中小企业”）在满足人们旅游需求、活跃市场、增加就业、促进经济发展等方面发挥着不可忽视的作用。随着我国旅游业的发展，旅游消费形式越来越趋于个性化、多元化，旅游者越来越倾向于非大众形式的生产和消费方式。所以，经营灵活、产品个性的旅游中小企业蓬勃发展，不仅在数量上占据主体地位，而且在质量上也成为推动旅游业发展的骨干力量。然而，由于旅游中小企业自身经营的脆弱性以及缺乏政府支持引导等原因，旅游中小企业生存率较低，其生存和成长备受瞩目。旅游中小企业已得到国外学界、业界的高度关注，研究日趋成熟，逐渐形成体系。但在中国，旅游中小企业研究刚刚起步，研究成果匮乏，迫切需要理论支撑。基于此，本书从理论方面分析旅游中小企业经营管理概况、经营管理模式、经营管理战略、市场细分与市场定位、营销策略、人力资源管理、财务管理等内容，并从实践角度具体研究农家乐、民宿客栈、旅游商品三种常见旅游中小企业经营管理实务。本书既可以为我国旅游中小企业发展提供理论指导，又可以促进我国旅游行业“大众创业、万众创新”局面的进一步发展。

在本书的编写过程中，徐宏负责第一章至第七章的编写，徐荣民负责第八章的编写，王磊负责第九章、第十章的编写，尚海龙负责第十一章的编写。全书由徐宏负责统稿和定稿。

本书在写作过程中，参考了大量文献，并引用了一些资料，在此谨向有关作者表示感谢！

作　者

2019 年 2 月

目 录

第一章　旅游企业经营与管理

学习目标

通过本章的学习，学生应掌握经营与管理的关系，尤其是领会企业经营与企业管理的区别与联系；理解企业经营与企业管理的统一性；了解我国常见的几种旅游专业人才培养模式；理解现代旅游业发展为什么需要旅游经营型人才；掌握旅游经营型人才培养模式的主要内容。

第一节　旅游企业经营与管理

人们经常将经营与管理放在一起使用，尤其是在企业中使用“经营管理”一词相当普遍。但实际上，经营与管理既是相互联系、互相影响的统一体，又是相对独立、内容不同的两个方面。在构成企业运行系统的诸要素中，经营是龙头，包容管理；管理是保障，服务经营。

一、企业经营与企业管理的区别

（一）内涵不同

企业经营是指企业在发达的商品经济条件下，以追求经济效益最大化为目标，通过市场交换，对投资、技术、财务、销售等进行运筹、策划和管理的一系列有组织的综合行动。要理解经营概念的内涵，必须把握住以下几点：第一，经营是商品经济的产物，它是随着商品经济的发展、市场竞争的加剧而不断发展起来的；第二，经营一般只适用于以盈利为主要目的的组织，企业经营直接与盈利相连，其目的是经济效益的最大化；第三，企业的经营行为是通过商品生产和市场交换来实现的，即企业要完成自己的经营行为，必须通过对其资产的直接运营，提供市场需要的产品和服务来完成，其着眼点在于企业的外部市场环境；第四，企业经营是一种包含管理在内的综合行动。

企业管理是指企业为实现经营目标，根据自身的特性及生产经营的规律，对企业生产经营活动进行计划、组织、指挥、协调和控制等一系列活动。企业管理的内涵与企业经营的内涵是有区别的：首先，管理是劳动社会化的产物；其次，管理适用于一切组织；再次，企业管理的着眼点主要在于企业内部的各种管理关系；最后，企业管理是为企业经营服务的，企业管理的目标必须服从于企业经营的目标。

（二）职能不同

法国西方古典管理理论的杰出代表亨利·法约尔在其《工业管理与一般管理》一书中，具体分析了企业经营的六大职能：一是技术职能，主要是指企业的生产、制造、加工等，不过技术活动并不是企业最主要的职能。二是商业职能，如购买、销售、交换等。法约尔认为，商业能力除了策略和决策，还包括对市场以及竞争者力量的深刻了解，包括一种长远的预测，以及在大型企业中日益发展的承包合同的运用。三是财务职能，主要包括筹集和适当地使用资本。法约尔充分肯定了财务职能的作用，他认为企业成功的一个基本条件就是经常注意企业的财务情况。四是安全职能，即保护财产和人员，消除所有可能危害企业发展、甚至危害企业生存的各种动乱。五是会计职能，这是企业的视觉器官，它能使人随时了解企业处于什么状况并向何处发展，可以对企业的经济形势提供真实、清楚而又准确的情况。六是管理职能，计划、组织、协调和控制，毫无疑问是管理的一部分。法约尔认为，不论企业大小，复杂还是简单，这六方面的活动（或者说基本职能）总是存在的。关于管理的职能，法约尔在其著作《工业管理与一般管理》中也进行了精辟的论述。法约尔认为："管理就是实行计划、组织、指挥、协调和控制。计划就是为探索未来制订行动计划；组织就是建立企业的物质和社会的双重结构；指挥就是使其人员发挥作用；协调就是连接、联合、调和所有的活动及力量；控制就是注意是否一切都按已制定的规章和下达的命令进行。"由此可以看出，管理作为企业经营的职能之一，其本身的职能与企业经营的职能不在同一个层次。经营是企业最基本的活动，直接关系到企业的生存与发展，而管理只是实现经营目标的手段之一。

（三）工作重点不同

现代企业经营的重点是资本经营和知识经营。随着经济增长方式的转变和市场竞争的加剧，企业的生存与发展越来越突出表现为经营方式的竞争。企业经营方式创新要求企业的生产经营、资本经营、知识经营要有机结合，其特点突出表现在以下两个方面：一是生产经营与资本经营并重。资本经营已成为保证生产经营高效运转的关键，企业要放弃单一的生产经营方式，充分利用广阔的资本市场，以资本经营带动生产经营，可大大提高投资效率，也可减少企业债务危机。二是信息和知识的生产及利用。现代企业经营必须注重企业内部与外部知识的高度综合，把握经营中的"知识价值"，追求"知识价值"的不断更新，力求智力资本和其他资本的完美结合，以获得高层次、高效益的经营效果。

现代企业管理的重心是人力资源管理。企业最终都是由人组成的，所以企业管理中出现的问题归根结底都与人有关。在人力资源的开发管理过程中，要以人为中心，强调人和事的统一发展，注重挖掘人的潜在能力，注重人的智慧、技术和能力的提高以及人的全面发展。未来企业的资本不仅仅包括经济资本，还包括人力资本。企业人力资源管理应着重从两方面入手：一是企业管理者的开发与培养。企业管理者的知识背景、从业经验、管理直觉和团队合作精神在很大程度上决定了该企业的生存发展。二是企业员工的开发与培养。员工智能资本是指企业花费在教育、培训等提高人的综合素质方面的开支所形成的资本，它比一般的人力资本投入更能带来长期的收益。智能资本不像金融资本和物质资本那样，可以将它与所有者分离，智能资本是人们原先拥有的技术、知识、能力和价值观的继承，具有人才资本的积累性。现代企业的人力资源管理就是运用丰富的人才资本优势转化、替代物质资本、自然资源和技术的优势。

（四）理论依据不同

企业经营主要以微观经济学、市场经营学、决策科学等为理论指导，主要包括以下基本理论：一是消费者需求理论，即运用边际效用分析和无差异曲线分析两种方法来考察消费者行为，分析消费者在日常生活中决定购买的众多消费品的种类和不同消费品的不同数量，是由哪些因素和根据什么原则来决定的，以及消费者达到均衡状态的条件。二是供给理论，主要考察厂商的生产和成本问题，探讨决定厂商供给其经营的商品的因素和原则，以及厂商达到均衡状态的条件。三是市场与价格决定理论，主要探讨不同的市场结构中产品的均衡价格和均衡产量如何决定。四是生产要素价格与收入分配理论，主要考察各种生产资源在供求平衡时的价格和它们的使用量，从而确定各生产资源的所有者的收入和它在国民收入中所占的份额。企业经营涉及的基本概念主要有资源分配、机会成本、边际收益递减、边际分析、经营目标、时间因素、贴现因素等。在企业经营的具体活动中，运用的理论主要有投资学、市场营销学、企业战略管理以及消费心理学等。

企业管理主要以管理学原理、企业管理学、组织行为学、人力资源管理、企业文化、领导科学等理论为指导，主要包括以下基本理论：一是管理职能理论，着重探讨管理活动的基本职责和功能。二是企业组织结构理论，主要探讨企业应建立什么样的组织结构，才能充分发挥其职能作用。三是人本管理理论，主要探讨树立什么样的管理理念以及如何实施对人的管理等问题。四是企业文化理论，着重探讨如何树立企业价值观、企业精神以及企业形象等问题。五是涉及企业的生产、质量、成本、技术开发、安全等的管理理论，主要探讨企业如何进行日常的管理活动。

二、企业经营与企业管理的联系

（一）管理是企业经营的职能之一

法约尔在谈到企业经营的基本职能时，在论述了企业经营的技术职能、商业职能、财务职能、安全职能、会计职能后，接着说："前五种职能都不负责制定企业的总经营方针，不负责建立社会组织、协调和调和各方面的力量和行动。这些活动并不属于技术职能的权限，也不属于商业、财务、安全以及会计职能的权限，它们组成了另外一种职能，人们习惯叫它管理。"他还说："管理既不是一种独有的特权，也不是企业经理或企业领导人的个人责任，它同别的基本职能一样，是一种分配于领导人与整个组织成员之间的职能。管理职能与其他五个职能显然不一样。"其实，法约尔在谈到企业经营职能时就曾说过："管理只是这六项职能中的一项，由领导保证其进行，但是它在上层领导人的意识中占有那么重要的位置，以至于有时好像这作用就纯粹只是管理了。"这实际上就已经告诫我们，不要将管理看成是企业领导人活动的全部内容。但是，人们对这一关系认识不足，形成了重管理而轻经营的观念，人为地将经营与管理分开，甚至将管理置于经营之上，这是非常片面的。

（二）企业经营是企业管理的延伸和发展

在商品经济高度发达的市场经济条件下，企业管理也要由以生产为中心转变为以流通过程为中心。企业要在市场中求生存、谋发展，企业管理者除了要对内部的生产活动负责以外，更要对企业的投资者负责。特别是随着资本市场的启动、投资多元化格局的形成，企业经营的目的逐渐演变成对投资者负责，这里的投资者既包括国家、银行或机构投资者，也包括上市公司的股东，即要为投资者或股东谋取利益或回报，否则企业将失去存在的价值。基于此，企业管理的职能自然要延伸到研究市场需要、开发新产品和制定市场战略等方面，从而使企业管理必然发展为企业经营管理。

（三）企业经营与企业管理相互渗透

首先，管理是经营的基础和保证。企业能否实现经营目标，不在于其主观愿望，也不在于其能生产多少产品，而最终取决于其产品和服务是否满足消费者需求以及满足的程度大小。因为满足消费者的需求与满足企业获利的需求是并行不悖的，两者之间是相互满足的交换关系，而消费者需求能否得到满足又是这种交换关系的基础。因此，企业要取得较好的经营效益，必须在经营的各个环节提高管理水平。比如，树立“以顾客为中心”的经营指导思想；用严格的制度规范企业的行为；维护消费者和社会的长远利益和综合利益；为顾客提供周到细致的服务等。其次，经营是管理的前提和目标。企业在生产中存在着一个基本的循环，即资本增值的循环，其循环的物化过程就是：准备生产资料—组织规模化生产—营销产品—生产资料的再准备。产品通过市场营销，赢得社会的承认，商品价值得以实现，运行中的资本增值就表现为企业经营的盈亏。在这个过程当中，不论是生产资料的准备，还是组织规模化生产或产品市场营销，都是企业管理的具体体现，而根本目的是实现企业的经营目标。

三、企业经营与企业管理的结合

正确理解企业经营与企业管理的关系后可知，企业应以经营为主，并注重经营与管理的结合。因此，在企业经营与管理的实践中应该注意以下几个方面。

（一）经营是企业生存之本

美国著名经济学家、诺贝尔经济学奖获得者西蒙教授说，经济管理的核心是经营，经营的核心是决策，决策的核心是创新。企业是从事商品生产或流通的基本要素，企业的生存与发展要求首先必须了解市场需求的变化，根据市场的需求变化和政策的有关规定来组织生产和流通，将生产与需求结合为一体，将企业自身的发展与外部环境结合起来。因此，经营是生产者与消费者的桥梁和纽带，是企业经济活动过程的中心环节，它借助于物质、技术、设备、人际关系和资金；经营是组织商品所有权的转移和商品实体的运动，也是跟市场、盈利紧密联系的概念。经营包含商品经营、资产经营和资本经营三个层次：商品经营的对象是商品，这是经营的最基本层次，包括市场预测、产品开发、生产资源组织、销售、售后服务等环节；资产经营是对企业各生产要素不断进行优化组合，使之更协调、更能获得最大产出；资本经营是对产权的优化组合，通过参股、控股、合并等资产转换手段来达到产权优化、资本增值的目的。企业经营者必须把主要精力投入市场中，认真研究企业在市场上的定位，准确把握市场信息，并进行相应的决策，才有可能保证企业的基本生存。

（二）管理是企业发展的内在基础

如果说经营是企业生存的根本，那么管理既是企业发展的内在基础，也是实现企业经营目标的一种基本手段。管理的具体对象是企业内部的人员、物质、设备和资金等要素，以及这些要素结合起来而形成的运动过程。因此，企业管理主要是协调企业系统内的各种生产要素的有序运转，即对企业的人力、物力、财力、技术、资金、时间的相互协调配置进行系统的规划、组织、指挥、控制。在企业系统中，财、物不过是被动的组成要素，人才是企业的主体。泰勒在《科学管理原理》一书中谈到，管理的中心问题是提高劳动生产率，因此必须配备一流的工人。他说："工人和经理人员双方最重要的目的应该是培训和发掘企业中每一个工人的才干，使每个人尽他天赋之所能，干出最高档的工作——以最快的速度达到最高的效率。"因此，在企业管理过程中，必须贯彻"以人为本"的管理思想，激发人的智力潜质和丰富的创造力。为了达到这一目的，企业管理者必须采取相应的措施，在生活上关心人，为每个员工提供平等竞争、施展才华的机会；在思想上帮助员工树立共同的理想和奋斗目标，培养共同的信念和价值观；在实践中严于律己，以身作则，创造一种上下沟通、同甘共苦的和谐氛围。只有这样，员工在企业中才能有主人翁的责任感、自我实现的自豪感、自觉拼搏的内在驱动力，这就是企业管理的核心。

（三）经营与管理统一于企业的生存发展

作为企业生存之本的经营，与作为企业发展内在基础的管理并不是相互独立的，而是紧密联系在一起，这是由企业的性质和根本目的所决定的。首先，企业经营并不能代替企业管理。泰勒在其著作《工厂管理》一书中就曾指出：即使经营得最好的工厂，作为管理部门的各个组成部分的协调也都存在很大的不平衡或不一致。这说明经营得好的企业，管理不一定是最佳的。同样，企业管理也不能代替企业经营，管理是企业发展的基础条件，但管理并不是企业生存的保证条件。企业唯有对外搞好经营、对内加强管理，才能适应市场，并进而开拓市场，在市场中获得生存与发展的机会。

首先，在企业经营管理理念上，必须树立全新的经营思想和管理观念，把知识的开发应用作为企业经营管理的重点，注重经营管理方式的创新，使企业实现从组织物质产品经营向组织知识产品经营的转变，从产品经营向资本经营的转变，从经营有形资产向经营无形资产的转变；在企业管理层面上必须突破传统的管理模式，向开放型、集约型、智能型和规模型方向发展。

其次，以市场经营为导向，加强企业内部管理，努力实现经营和管理的相互促进，用经营的目标来督促管理水平的提高，通过管理水平的提高推动经营向更高的目标迈进。经营与管理作为企业的两个基本支撑点，经营是主导，管理服从于经营的需要。如果说经营是企业的"经济基础"，那么管理则是企业的"上层建筑"；如果说经营是企业的"生产力"，那么管理则是企业的"生产关系"，企业必须结合自身特点，根据经营的需要来建立完整的管理体系。

第二节　旅游经营管理人才培养

旅游人才既是我国旅游业发展的核心资源，又是制约旅游业转型升级的关键要素。《"十三五”旅游业发展规划》明确提出要着力突破旅游人才制约瓶颈，以提高现代经营管理水平为核心，以企业家和职业经理人为重点，加快提升旅游企业经营管理人才的素质，培养造就一大批具有全球战略眼光、管理创新能力、市场开拓精神、社会责任感的优秀企业家和一支高水平的企业经营管理人才队伍。“十三五”规划提出的旅游经营人才培养思路正是映射出现实中存在的旅游人才素质偏低、结构性矛盾和领军型人才短缺等问题。高校是旅游人才培养的主要阵地，高校的人才培养模式直接影响到旅游人才的培养质量。传统的旅游管理专业人才培养模式偏重于培养“白领式”的“管理型”人才，未来更迫切需要“老板式”的“经营型”人才，因此进行旅游管理专业人才培养改革势在必行。

一、旅游“管理型”人才培养

人才培养模式是在一定的教育理念支配下为实现既定的教学目标而创建的一种教育教学模型。人才培养是一个系统工程，人才培养方案是人才培养模式的核心内容，具体包括培养目标、培养规格、学制学位、学分学时、主干学科、核心课程、实践教学、教学计划等内容，此外，师资队伍、教学条件、实习基地、就业去向等内容也是人才培养模式的重要组成部分。

随着我国旅游业的快速发展，旅游管理专业的人才培养模式也在不断发展创新。各旅游专业院校结合自身的办学条件和外部环境创造出类型多样的人才培养模式。例如，马勇（2005）提出以实践需求为驱动力、教学资源为保障力、教学手段为提升力、质量保障为支撑力的“四轮驱动型”旅游专业人才培养模式；陈国胜（2011）提出以“学中做、做中学”为特色，将学校学习与社会生产相结合的“工学结合”旅游人才培养模式；将旅游教学与旅游产业、旅游科研有机结合的“产学研结合”人才培养模式；刘伏英（2008）提出以学校与企业联合培养“订单式”旅游专业人才的“校企合作”模式；张颖（2011）提出以实践应用能力培养为目标、职业能力培养为核心的“应用型”旅游专业人才培养模式；除此之外，还有“思想引导+专业辅导+课题研究+就业指导”的导师制，“回炉”培训制，本土型培养模式，民族地区人才培养模式等。实际上，各旅游专业院校人才培养模式并不是上述某一单一模式，而是多种模式的交叉互融。

人才培养服务于社会经济发展需要，每一种人才培养模式都产生于特定的社会背景，都有其现实指导意义。然而就整体而言，我国的旅游管理专业人才培养模式存在诸多问题。首先，人才培养目标不明确，本科院校一般定位为培养旅游管理型人才，职业院校一般定位为培养旅游技术型人才，培养目标千篇一律，缺少针对性和实际指导作用。其次，理论培养与实践培养脱节严重，由于缺少瑞士洛桑酒店管理学院或者美国康奈尔大学模式的校属旅游企业作为实习基地，国内旅游专业院校的校内实训大多以“实验室”的形式存在，与社会现实脱节，而校外实习往往又脱离学校独立存在，与专业理论脱节。再次，课程设置不合理。我国的旅游管理专业几乎是由地理学、管理学、经济学等相关学科专业转换而来的，学科内容与课程体系经常参照原有专业，授课过程中普遍存在缺乏理论支撑、课程体系混乱、教材层次参差不齐、授课方式滞后以及与市场需求脱节等一系列问题；另外，师资力量不完善，现有的专任教师理论水平较高但实践经验不足，而外聘的行业精英虽然实践经验丰富却不能与专业理论有效衔接。最后，毕业学生难从业。受制于旅游管理专业毕业生的能力水平和思想认识，以及旅游行业的用人机制、薪资待遇、社会偏见等原因，旅游管理专业毕业生普遍存在“有业不就”和“频繁跳槽”的现象，多数人难以在旅游行业长期就业、从业。

二、旅游专业人才培养模式改革

为适应我国旅游业不同时期发展，旅游专业人才培养模式需要不断调整，在当前全面推进全域旅游、大众创业万众创新以及旅游供给侧改革的社会背景之下，传统的“管理型”旅游专业人才培养模式改革迫在眉睫。

（一）全域旅游呼唤旅游专业人才培养模式改革

我国全域旅游发展方兴未艾。2010 年的大连市城市旅游规划首次提出全域旅游的概念，此后浙江杭州、海南琼海等县市也提出类似的全域旅游发展思路。厉新建、张凌云等（2013）全面系统地阐述了全域旅游发展观，提出全新的资源观、市场观、产品观与产业观，以及全要素、全方位、全行业、全部门、全过程、全时空、全社会、全游客的发展模式，奠定了全域旅游的理论基础。全域旅游真正由理论走向实践始于国家政府层面的系列战略部署。2015 年，国家旅游局正式提出全域旅游发展的战略，并下发《关于开展“国家全域旅游示范区”创建工作的通知》，2016 年分两批公布了 500 个全域旅游示范区创建名单，标志着全域旅游由理论走向实践，我国逐渐步入全域旅游时代。

全域旅游时代下，旅游者的旅游时间更加自由，旅游空间更加宽广，旅游内容更加丰富，旅游需求更加多样化、个性化、自主化。旅游需求的变化必然引起旅游供给针对性的调整，由原来的集中供给转为分散供给，相应的对旅游专业人才的需要也将随之变化。过去我国旅游业发展是通过旅游饭店、旅行社、旅游交通、旅游景区等大型旅游企业提供集中统一的旅游服务，因而需要“管理型”旅游专业人才。未来我国全域旅游发展更需要大量分散提供旅游商品和服务的中小企业，如民宿、客栈、农家乐、餐吧、酒吧、纪念品、交通租赁、定制服务等，因此不仅需要旅游“管理型”人才，更需要大量旅游“经营型”人才。

（二）国家“双创”战略倒逼旅游专业人才培养模式改革

李克强总理在 2015 年政府工作报告中提出要把“大众创业，万众创新”打造成推动中国经济继续前行的“双引擎”之一，随后国务院出台《关于大力推进大众创业万众创新若干政策措施的意见》，创新创业工作上升为国家战略。“双创”工作不仅关乎中国社会经济转型发展，而且关系到国计民生和社会就业。在当前大学生就业压力极大的社会背景之下，鼓励有知识、有技术的大学生回乡创业，既可以缓解就业压力，又可以以人才资源引领地方社会经济发展。旅游业作为我国国民经济支柱性产业和第一大产业，其产业体系庞大，层次丰富，是培育创新创业的重要领域。推进旅游管理专业人才培养模式改革，培养大量懂经营会管理又有创新创业意识的旅游专业人才回乡创业，既可以满足全域旅游分散供给的需要，又可以以专业的旅游人才提升旅游业经营管理水平，促进我国旅游行业转型升级发展。

（三）旅游供给侧改革急需旅游专业人才培养模式改革

改革开放以来，中国经济取得了举世瞩目的成就，同时也存在着一系列结构性问题，如产业结构不合理、结构性失衡、创新发展动力不足、产能过剩、生产成本过高等。为此，习近平总书记在2015年11月召开的中央财经领导小组会议上首次提出“供给侧结构性改革”“着力提高供给体系质量和效率，增强经济持续增长动力”。随后，各行各业掀起“改生产、创需求”的供给侧改革。我国旅游行业结构性矛盾也很突出，如高端旅游产品供给不足，低端旅游产品供给过剩，旅游服务水平低下，旅游业态不健全，旅游企业创新不足，旅游管理水平落后等。旅游供给侧结构性改革关键在人，人才队伍是解决旅游行业产品、服务、业态、创新、管理等结构性矛盾的关键性因素。《“十三五”旅游业发展规划》明确提出，推进供给侧结构性改革实现旅游业转型升级，加强人才队伍建设，将旅游人才队伍建设纳入地方重点人才支持计划。我国传统的旅游管理专业人才培养单一，难以满足当今旅游业改革发展的需要，实行旅游专业人才培养模式改革是旅游供给侧改革的要旨。

三、旅游“经营型”人才培养

（一）旅游经营管理型人才界定

经营与管理关联密切，日常生活中也经常被混为一谈，但是两者之间是有明显区别的。经营包括管理、技术、商业、财务、安全、会计六种活动，管理只是经营的一部分。管理是向生性的，是在目标已定的前提下，解决如何执行的问题，其中心是讲如何提高效率；而经营则是外生性的，是通过决策解决目标、方向之类的根本问题， 其中心是讲如何争取更大效果。经营是选择对的事情做，管理则是把事情做对，管理在本质上是为经营服务的。

全域旅游阶段，旅游供给由集中供给转为分散供给，旅游业发展不仅需要“白领式”管理型人才，更需要“老板式”经营型人才。结合教育部高等教育司对旅游管理专业的培养目标定位，可以对旅游经营型人才培养目标进行以下界定：培养适用现代旅游业发展需要，掌握现代经营管理理论知识和旅游专业知识，并且能够将理论知识实践应用于旅游行业的投资、生产、营销、财务、产品、人事、经营等领域，具备旅游行业创新创业能力的领导型、组织型、综合型人才。

（二）旅游经营型人才培养模式探索

1. 教学模式改革

传统的“满堂灌”的理论授课模式弊端很多，学生被动接受知识，遏制了主动求知的欲望，教学效果不理想。旅游经营型人才培养要求不断革新教学模式，培养学生的综合素质，让学生由被动学习转为主动学习，以提高学生解决实际问题的能力。鼓励学生之间分工协作，以小组、团队的形式完成学业任务，通过团队协作的方式，既学习了专业理论知识，又锻炼了学生的领导能力、协作能力、沟通能力，达到知识与能力同步提升的效果。

2. 课程设置改革

旅游经营型人才着重培养学生的旅游行业经营管理能力，因此在课程设置上要打破传统旅游管理专业课程体系，围绕旅游行业经营管理实务设置课程。从横向视角出发，可以开设旅行社经营管理、旅游酒店经营管理、民宿客栈经营管理、农家乐经营管理、旅游商品开发等课程；从纵向视角出发，可以开设项目管理、生产管理、市场营销、财务管理、产品开发、人力资源管理、企业经营战略等课程。同时，应加大实践学时、学分的比例。

3. 师资队伍改革

师资队伍是影响人才培养质量的关键因素。旅游经营型人才培养对师资力量要求更高，不仅要求教师具备较强的理论知识和实践技能，而且还需对旅游行业经营管理有整体的把握。师资队伍建设可以从内部进修、外部引进、合作办学三个渠道改进。旅游专业院校现有的教师大多专业理论知识丰富，但是实践技能欠缺，对旅游行业经营管理整体把握不够，因此需要到旅游企业学习进修、挂职锻炼；旅游专业院校也可以将实践经验丰富的行业精英聘为兼职教师，并根据校外师资的特殊要求灵活调整授课模式，通过专题讲座、模拟示范、课题讨论等多种形式提高学生理论与实践结合的能力；还可以通过联合办学的形式，如“3+1”或者“2+2”的校企联合培养模式，学生在学校进行 2～3 年的理论学习，然后到旅游企业进行 1～2 年的实践锻炼，由合作单位安排实践经验丰富的师资力量加以指导。

4. 实践培养改革

旅游经营型人才培养模式致力于培养具备旅游行业创新创业能力，能为全域旅游发展提供多样化、个性化、精品化旅游产品和服务的综合型人才。因此，除了加强对学生旅游专业技能的培养之外，还应该强化其创新创业实践能力的培养。有条件的院校可以自办企业，如旅行社、旅游酒店、旅游规划公司、会展公司、旅游培训公司等，或者与外部单位合办产学研基地，吸纳学生学习、实践、就业；建设大学生创业科技园项目，鼓励大学生在校期间自主创业；鼓励学生周末、寒暑假校外兼职，通过实习、兼职、就业、创业培养学生的经营管理能力。当然，培养学生实践能力的方式多种多样。

5. 就业方式改革

目前，旅游管理专业毕业生主要就业方向集中于旅游饭店、旅行社等领域，但是饭店行业薪资待遇普遍偏低，旅行社行业导游人员吃的是“青春饭”，再加上社会各界对服务行业的偏见，造成了毕业生难以在旅游行业就业从业。改变就业现状的关键在于拓宽就业渠道，转变就业方向，可以树立“经营型”就业导向，鼓励毕业生自主创业、回乡创业，使其由“被管理者”转为“管理者”，增加其旅游从业的积极性。

全域旅游是我国旅游业转型升级的一次伟大变革，全域旅游分散供给的特点不仅需要“管理型”人才，更需要大量“经营型”旅游专业人才。我国现有的旅游管理专业人才培养模式在培养定位、课程体系、师资队伍、实践实训、就业从业等方面存在诸多弊端，难以满足全域旅游发展的需要。再加上国家的“双创”战略和旅游供给侧改革社会背景，原有的旅游管理专业人才培养模式改革势在必行。笔者由经营与管理的区别引申出旅游经营型人才培养模式的概念，以“经营+”的思维，从教学模式、课程设置、师资队伍、实践环节、就业方式五个方面具体论述，为我国旅游专业人才培养提供新的思路。基于此，本书从课程内容方面为旅游经营型人才培养提供理论指导，为我国全域旅游发展提供人才支持。

本章小结

在现实生活中，人们经常将经营与管理混为一谈，其实两者的概念与范畴差异明显。从事企业经营管理的人必须首先弄清楚两者间的区别与联系：经营包括管理，管理是经营的一部分。传统教育偏重于管理型人才的培养，对于管理之外的经营性知识重视不足，这对于我国当前全域旅游发展以及大众创新万众创业局面的实现是极为不利的。基于此，本书首先明确了企业经营与企业管理的关系，在梳理我国旅游专业人才培养模式的基础上，提出旅游经营型人才培养的思路。

本章的主要知识点：企业经营、企业管理、旅游管理型人才、旅游经营型人才、人才培养模式。

复习与思考

1. 简述企业经营与企业管理的区别。
2. 简述企业经营与企业管理的联系。
3. 简述企业经营与企业管理的统一性。
4. 简述旅游经营型人才培养的必要性。
5. 简述旅游经营型人才的培养思路。

第二章　旅游中小企业发展概述

学习目标

通过本章的学习，学生应掌握中小企业与旅游中小企业的概念，了解旅游中小企业常见的定性与定量界定标准；理解旅游中小企业在国民经济中的重要地位，以及在社会经济发展中起到的重要作用；了解我国旅游中小企业发展现状，既要清楚其取得的经济效益、社会文化效益、环境效益，同时又要意识到当前面临的发展困境与发展难题。

第一节　旅游中小企业的概念

旅游中小企业既是我国旅游业发展的重要组成部分，也是主要推动力量。因其具有投资小、见效快、门槛低、经营灵活等优势，在服务散客方面独具优势。旅游中小企业在拉动地方经济发展、促进社会就业方面做出了突出贡献。然而，由于自身的弱势以及外在客观因素的影响，使得旅游中小企业虽能在短期内取得成功，但长期生存率很低。加上我国旅游中小企业发展缺少合理规划和规范指导，在发展过程中也暴露出一些问题。旅游中小企业长期被视为非正规旅游服务部门，因而常常被政府忽视，甚至被视为阻碍当地经济规模发展、抑制企业创新的消极因素，旅游中小企业发展困难重重。因而，从事旅游中小企业经营管理，首先需要了解国内外旅游中小企业发展概况。

一、中小企业

由于国际上没有关于企业规模的规范协议，因此对行业规模的划分并不统一。从一般意义上讲，中小企业是指企业规模较小、员工较少、处于起步或成长阶段的企业。一般认为，与旅游相关的中小规模的企业都可以称作旅游中小企业。学术界对旅游中小企业概念界定有定量（Quantitative）和定性（Qualitative）两种划分标准。定性标准的核心一般在于，较小的市场份额、独立所有并经营、业主直接管理。而定量标准通常根据不同行业，将雇员数、企业资产或企业资本、营业额或营业收入作为划分依据。全世界绝大部分国家（80%以上）采用定量标准，定量标准又可细分为单一定量标准与复合定量标准。前者只采用一个指标（经常是人数），后者包括多个量化的参数，如除雇员人数外还包括营业额等因素。中国采用的是定量标准，并且是复合定量标准，不仅采用雇员人数，还包括年营业额、行业所在类型等因素。

因此，本研究所定义的中小企业为：雇员数在 100 人以下，市场份额小，由业主独立所有并直接经营管理的企业。

二、旅游中小企业

旅游业是综合性极强的产业，涉及的行业门类众多，对旅游企业规模的划分更加困难，国内外亦没有统一标准。旅游中小企业概念界定可以参照中小企业的划分标准，结合旅游业实际进行界定。一般认为，旅游中小企业的特征是规模小、当地企业家所有、家庭经营、为旅游者服务、雇佣当地员工。从定量分析角度，可采用雇员人数 100 人作为界定标准。因此可对旅游中小企业进行如下界定：旅游中小企业是和旅游者的旅游活动直接相关，服务对象主要是旅游者，由企业主全权管理或部分业主联合管理、占有较小市场份额的独立私营企业，其全职雇员人数低于 100 人。

第二节　旅游中小企业的地位与作用

一、中小企业的地位

（一）国民经济的重要组成部分

随着全球经济发展，后福特主义弹性生产系统使各种类型的中小企业蓬勃发展，中小企业在企业总数中占据绝对优势。中小企业在活跃市场、增加就业、促进经济发展等方面发挥着重要作用。克林顿曾说“小企业是美国经济的火车头”（*Small business is the engine that runs the American economy*），甚至称 20 世纪 90 年代为“小企业的年代”。中小企业分布在我国国民经济的各个领域，是国民经济发展的重要力量。国家对中小企业的关注不断增强，支持力度不断加大，党中央、国务院更是把扶持中小企业作为一项民生工程来抓，重点支持实体经济特别是符合产业政策的中小企业，积极支持企业特别是吸纳就业和科技创新的小型、微型企业发展。我国旅游业发展以中小企业为主体，尤其是小型、微型企业数量众多，《旅游业“十二五”发展规划纲要》明确提出，要积极支持中小旅游企业发展，发挥其在自主创业、吸纳就业等方面的优势，鼓励和支持民营经济对旅游产业的介入，大力发展要素市场，促进大中小企业协调发展，初步形成一个“以大型集团为主导、中小企业活力充沛、新型业态持续涌现”的旅游产业发展良好局面。

（二）国民经济发展的引擎

后福特主义时期的消费形式越来越倾向于多样化、个性化，消费者更喜欢非大众形式的生产和消费，于是经营灵活的中小企业倍受欢迎。目前，旅游中小企业在数量上已经占据全球旅游企业的大多数。在加拿大，69%的“住宿和餐饮企业”的规模在 100 人以下（2007 年）；在美国，“休闲和接待业”中，相关规模企业的统计是 61%，并且在 1999— 2007 年，每年增长 2.14%的就业；在澳大利亚，“住宿、餐馆和饭店”门类下，98.5%的餐馆和饭店的雇员数少于 50 人；在英国，“宾馆和饭店业”中 22.4%的企业是 0 雇员，雇员数在 1 ~ 49 人的占 76%[①]；在中国，旅游中小企业在各个旅游目的地大量存在，甚至出现了类似丽江古城、大理“洋人街”、阳朔西街等旅游小企业集聚区，成为著名的旅游吸引物。特别是在旅游地开发初期，游客少、市场需求不明确的情况下，大型企业尚未投入，旅游服务供给往往是由当地中小企业提供。虽然随着旅游业的发展，大型企业不断进驻，竞争激烈，市场空间不断缩小，但中小企业以其灵活性等特有优势，成为大型企业的有力补充，在满足散客市场需求方面起着举足轻重的作用，尤其是对追求“真实性”“体验性”的游客吸引力极大。因此，旅游中小企业随着旅游业的发展长期大量存在，成为促进社区参与、居民就业，提高当地收入，丰富旅游体验、促进目的地发展的重要力量。

（三）脆弱性经济产业

保罗·萨缪尔森说：“大多数小企业是今日开业，明日关门，其平均寿命仅为 6 年。”在世界各国，每天都会有大量的企业产生，同时又有大量的企业倒闭，中小企业的生存和成长成为全世界关注的问题。旅游业的敏感性、脆弱性使得这一问题尤为突出。旅游中小企业因其进入门槛低、创业成本小、经营灵活等优势发展迅速，企业数量占据整个旅游行业绝大多数。但是，由于许多旅游中小企业都是经验型管理，企业经营高度依赖于经营者的素质，而大多数企业经营者往往缺乏相关的经验和管理技能，使旅游中小企业的经营脆弱性凸显。而且，国家虽然承认家庭旅馆、餐馆以及其他中小服务企业的合理性，但是并没有出台具体的规范和管理措施。特别是在各地政府都追求“大项目、大投入、大发展”的背景下，对中小企业的生存发展关注不够，造成一些地方旅游中小企业发展无序，甚至出现“削价”“拉客”等恶性竞争现象，使目的地形象大受影响，企业经营也是举步维艰。资金匮乏、经验不足、政策限制等因素，使旅游中小企业生存率较低，很多旅游中小企业在其经营的五年内就倒闭了。据调查发现，旅游业越发展、游客来得越多，中小企业的经营反而更加困难。

二、中小企业的作用

（一）自由竞争的推动者

竞争是保持市场经济活力的关键。在完全竞争的条件下，产品价格取决于需求与供给曲线的交叉点。相反，在完全垄断的情况下，边际成本曲线没有改变，而供给则决定了需求。由于垄断企业追求利润最大化，其产品价格在垄断条件下比在完全竞争条件下高。为了保持市场经济竞争活力，各国政府都在积极采取措施反对垄断以及由此带来的高额利润。而中小企业的发展，则是限制垄断、实现自由竞争的强劲力量。早期的经济理论曾指出，“在许多中小企业制造相同产品的市场上，最终的均衡将落在市场内生最佳点上，即平均成本最低的产量水平上”。由此可见，中小企业是保持市场竞争和反对垄断的重要力量。

---

① MORRISON A, CARLSEN J, WEBER P. Small tourism business research change and evolution[J]. International Journal of Tourism Research, 2010 (12): 739-749.

（二）企业改革的先驱力量

我国企业改革通常是自下而上进行的，企业改革的经验主要是由中小企业创造的，中小企业是改革创新的先驱力量。这是因为相对于大企业而言，中小企业的改革创新成本较低，操作较为容易，社会震动较小，新体制进入也较为容易。在整个企业改革创新进程中，中小企业往往是试验区，是改革创新重点难点的突破口。从实践来看，承包、租赁、兼并、拍卖、破产等方面的改革措施，都是在中小企业、城乡集体企业中率先试验和推广的。中小企业的改革经验，对搞好大企业改革具有很好的借鉴意义。中小企业的改革与发展，使我国所有制结构得到了调整，逐步形成了以公有制经济为主体、多种所有制经济共同发展的格局。

（三）有效解决社会就业

中小企业发展可以有效解决社会就业。有资料显示，日本的大企业资本有机构成相当于小企业的四倍。也就是说，同样的资金投入小企业中，可以增加三倍人员就业。大企业和中小企业在社会经济发展中发挥的功能不同，大企业是形成国家工业体系、体现综合技术水平、反映国家竞争力、保证产业安全等的重要力量，其解决就业能力相对有限。而中小企业则可以大量地安排劳动力就业，维护社会稳定。由于中小企业解决就业人数多，向社会提供较丰厚的社会保障资金，具有明显的竞争活力，因而相当部分科技创新来自中小企业。

（四）技术创新作用突出

中小企业技术创新不仅在数量上占据优势，而且在创新水平和创新效率上与大企业相比毫不逊色。中小企业已经创造了许多当代重要的工业创新成果。产生了深远的社会影响。中小企业技术创新优势还表现在创新周期短、创新成本低等方面。尽管中小企业的研究开发资金大大少于大企业，但它们的创新能力远远超过了自身的规模和财力的限制。中小企业以较短的创新周期和较高的创新投入产出比赢得了技术创新的优势，并且成为巨人林立的世界经济中一支非常活跃的创新力量，为各国经济注入了不竭的活力。

（五）大企业成长发展的基础

中小企业的发展路径有两条尤为显著。其一，在中小企业的发展过程中，通常在原始资本积累期间，以一个或数个技术含量很高的产品打开市场，然后迅速滚动发展，以比传统的大企业更快的速度完成积累，从而成为实力雄厚的大型企业。如国外的 IBM、微软，国内的腾讯、阿里巴巴等，这些大型企业都是从小企业起步，走过了相似的道路。其二，大量的中小企业经营着大企业产业价值链上的各个环节，与大企业密切合作，为大企业配套生产，从而成为大企业的合作伙伴。如上述的国内外著名高技术大企业，其价值链的上、下游均存在着大量的与之合作、配套的中小企业。大企业与中小企业的密切合作，既支持了大企业的发展，又带动了中小企业的发展。

☞ **拓展学习**

中小企业与大企业的关系

在当前的社会主义市场经济中，一头是大型企业，一头是中小型企业，两者相辅相成、相得益彰。彰显国家经济实力的是大企业，大企业的发展可以带动一大批中小企业发展；但创造市场活力的是中小企业，中小企业容易形成市场竞争活力，所以，大企业与中小企业不能取代彼此的地位和作用。实践证明，凡是中小企业发展较快的地区，国有大企业的处境就好得多，竞争力更强，可见国有大企业的可持续发展离不开中小企业的蓬勃发展。中小企业可走“小而专”“小而精”的发展道路，可以形成“单项冠军”，大企业就没有这方面的优势。如果大企业能和中小企业结合，就能利用这种优势，提高自己的竞争力。例如，“一汽”解放牌汽车换型工作，全国支持搞了十年，因为机制不灵活、工作进展缓慢，一辆汽车有 3 500 多种零件，投资建厂的周期很长，而且成本较高。如果能把自制率降下来，组织成千上万家中小企业来干，一两年就可以换一个品种。这说明大企业必须依靠中小企业的配套支持。我国的大企业如果不能以中小企业为基础，就竞争不过发达国家的大企业。所以，大中小型企业好比金字塔结构，大企业是顶尖，广大的中小企业是它的基础。

（六）维持了企业家连续供给

中小企业在市场经济中成长、成熟、衰退的发展变迁机制，塑造了大批企业家人力资源队伍。以美国为例，每年要成立 10%～16%的中小企业，又有 9%～14%的中小企业在竞争中退出，中小企业的这种进退机制给市场经济带来了活力。管理学家熊彼特认为，中小企业维持了企业家的连续供给。社会经济活动分为经济循环和经济发展两种类型，也就是可以进行静态和动态的分析。在静态的经济循环中，任何经济活动都以同样的方式周而复始地反复进行。在这种状态下不需要企业家。经济发展则不同，它需要对生产方法进行不断变动和革新，这个任务只有企业家才能完成。在熊彼特眼里，企业家的职能就是不断进行创新，正是这种创新推动着市场经济的发展。创新形成了经济周期，企业家的创新使其产品销售增加，并由这一增加直接或间接引起别的工商业者生产量和营业量增加，进而造就了经济繁荣。在繁荣期投机与预期发挥作用，以致超出原来的创新所应达到的水平，造成虚假的繁荣，于是出现衰退，进入萧条。由于再出现创新，经济再次恢复，再次进入繁荣。所以，在熊彼特的模型中，经济周期是以创新为基础的。由于创新的不连续，企业家不能连续出现，才造成了经济繁荣与萧条的更替。中小企业由于使每一个人都变成潜在的企业家，而新的企业彼此独立出现，且一般都是连续的、在时间上均匀分布的，于是在一定程度上避免出现显著和规律复发的繁荣与萧条。

第三节 旅游中小企业发展现状

一、中小企业发展现状

截至 2017 年，我国中小微企业数量占全国企业总数的 99.7%，其中，小型微型企业占 97.3%，提供城镇就业岗位超过 80%，创造的最终产品和服务相当于国内生产总值的 60%，上缴利税占 50%。中国发明专利的 65%、企业技术创新的 75%以上和新产品开发的 80%以上，都是由中小企业完成的。中小企业是促进就业、改善民生、稳定社会、发展经济、推动创新的基础力量，构成了市场经济主体中数量最大、最具活力的企业群体。中小企业发展状况关系到中国社会经济结构调整与发展方式转变，关系到促进就业与社会稳定，关系到科技创新与转型升级。然而，中小企业在取得长足发展的同时，也面临一系列发展难题，包括制造业人力成本红利时期已经过去，企业竞争力下降，利润缩小，外部竞争激烈，市场萎缩，生产设备更新换代投资成本大等。

为了促进中小企业转型升级，2016 年工业和信息化部正式发布《促进中小企业发展规划（2016—2020 年）》，明确了以提质增效为中心，以提升创业创新能力为主线，推动供给侧结构性改革，优化发展环境，促进中小企业发展的指导思想，从推进创业兴业、提升创新能力、转型升级、拓展内外市场、职能转变等五个方面提出了促进中小企业发展的主要任务。要把提高有效供给能力、“专精特新”发展、品牌建设、绿色发展、集群发展、协调发展作为“推动转型升级，改善供给”的关键点，把“专精特新”发展的着力点放在培育一大批“专精特新”中小企业、打造一批“单项冠军”上。《促进中小企业发展规划（2016—2020 年）》明确提出了加强组织领导、加大财税支持、加强融资保障、加强服务支撑、加强运行监测等五个方面的保障措施，突出从财税、融资、服务等方面为促进中小企业发展提供保障。为了进一步改善中小企业经营环境，促进中小企业健康发展，扩大城乡就业，发挥中小企业在国民经济和社会发展中的重要作用，2017 年国家出台了《中华人民共和国中小企业促进法》，为中小企业可持续健康发展提供了法律支撑。

二、旅游中小企业发展效益分析

（一）经济影响

旅游中小企业对经济的促进作用主要表现在促进就业、增加国民收入、提高居民生活水平以及促进目的地发展等方面。虽然大企业能够产生规模效益，增加公共部门收入和税收，但是可能同时存在投资规模大、生产效率低、旅游漏损、国外雇佣等问题。而旅游中小企业则可能具有相应的优势，所需投入资金相对较小，更多地使用当地资源与原料，不需要高端、复杂的基础设施，对本地经济贡献更大。特别在吸纳就业方面，旅游中小企业为当地居民，尤其是为一些传统意义上的弱势群体（如女性和少数民族）提供更多的就业机会。例如，在泰国的苏梅岛，小型和中型住宿企业对当地劳动力需求更高[①]，而希腊的小宾馆更倾向于雇佣家庭成员[②]。同大企业相比，虽然单个旅游中小企业吸纳就业量有限，但是旅游中小企业数量众多，所吸纳的就业总量庞大。而且，大多数旅游中小企业都存在于非正式市场中，一定程度上也是隐藏失业或者不充分就业的蓄水池。尤其是对广大社会经济较为落后地区而言，由于缺少大型旅游企业介入，旅游中小企业成为发展地方旅游经济、满足游客旅游需要的主要载体。

---

① KONTOGEORGOPOULOS N.Accommodation employment patterns and opportunities[J]. Annals of Tourism Research.1998, 25(2):314-339.

② KONSTANTINOS ANDRIOTIS. Scale of hospitality firms and local economic development -evidence from crete [J]. Tourism Management.2002, (23): 333-341.

（二）社会文化影响

从旅游中小企业的从业人员特征来看，无论是企业主还是雇员，大多数都是当地居民，旅游中小企业发展就意味着更多的当地居民参与到旅游发展中。在本地居民的参与、控制之下，旅游更倾向于产生积极的经济影响，而不会产生很大的消极的社会文化影响。Page S. J. 在对新西兰北部地区 297 家企业进行样本调查时发现：虽然当地毛利人企业家的数量低于本地毛利人口的 26%，但这些企业的成功是非常鼓舞人心的，说明毛利人在当地旅游业发展中获得立足，吸引更多的毛利人参与当地旅游发展中来[①]。这说明，成功的旅游小企业家能够在当地居民中起到示范作用，再加上中小企业本身所具有的进入门槛较低的特点，可以使更多当地居民参与本地旅游开发，分享旅游发展的利益，从而缩小贫富差距，缓和不同利益相关者之间的矛盾。而且，旅游中小企业多由当地人开办，在某种程度上可将其视为传统商业文化的延续[②]。旅游中小企业通过提供一些传统服务，在经营中展示传统文化，可以深化游客的旅游体验，使其更加深刻地理解目的地文化；而当地居民通过经营旅游中小企业，增加收入，提高生活质量，更加欢迎旅游者到来，主客关系更为融洽。同时，也能提高居民的地方认同，促进文化保护意识形成，进而减少外来文化对传统文化的消极影响。最后，旅游中小企业的经营，给很多女性带来了就业机会，客观上改变了女性的就业角色和社会地位。在瑞典，很多单身妇女或寡妇通过参与零售和手工艺制作证明她们可以自己生存而不会成为社会的负担[③]；MariaLaura Di Dominico 对 33 个家庭式商业接待设施的所有者进行深度访谈，发现这些企业可以分为三类：女性独立经营、夫妻经营和男性独立经营[④]，其中女性企业家的经营优势被广泛认同，旅游发展有效提升了妇女的社会地位。

（三）环境影响

旅游业发展对目的地资源环境能够起到保护作用。旅游中小企业经营者多为当地居民，他们有强烈的主人翁意识，因为能够较好地在旅游经营过程中控制污染和破坏行为，进而起到美化环境效果。例如，Woodland M. 对英格兰南唐斯保护地区旅游小企业的调查显示：大多数企业主认为南唐斯自然美景的丧失是其企业未来成功的最大威胁，这个威胁远超过商业因素如缺乏营销资金和产业竞争等[⑤]。虽然意识到了环境的重要性，但是小企业的环境绩效不容乐观。Erdogan N.，Tosun C. 对世界遗产名录上的格莱梅国家公园内 73 个住宿业管理者的问卷调查显示：旅游住宿企业在能源有效性、水资源保护、责任废弃物管理、沟通、环境培训、环境意识、环境保护和环境政策所必需的知识和兴趣等方面绩效很低[⑥]。

---

① PAGE S J, FORER P, LAWTON G R. Small business development and tourism: Terra incognita? [J]. Tourism Management, 1999, (20):435-459.

② 邱继勤，保继刚. 国外旅游小企业研究进展[J]. 旅游学刊，2005，20（5）：86-92.

③ ERICSSON T. Women, family and small business in late nineteenth century Sweden[J]. History of the Family, 2001(6):225-239.

④ MARIA LAURA DI DOMINICO. “I'm not just a housewife”: Gendered roles and identities in the home-based hospitality enterprise [J]. Gender, Work and Organization, 2008, 15(4): 313-332.

⑤ WOODLAND M, ACOTT T G. Sustainability and local tourism branding in England's south downs[J]. Journal of Sustainable Tourism, 2007, 15(6): 715-734.

⑥ ERDOGAN N, TOSUN C. Environmental performance of tourism accommodations in the protected areas: Case of goreme historical national park[J]. International Journal of Hospitality Management, 2009 (28): 406-414.

三、我国旅游中小企业经营管理困境

（一）经营风险较大

客观上，我国大多数旅游中小企业设施过于简单，经营缺乏特色。很多目的地的旅游中小企业无论在外观还是所提供的产品和服务上都与游客期望相距甚远，尤其是卫生状况、安全及诚信问题等难以保障。主观方面，我国旅游中小企业的经营管理过度依赖企业主的个人因素，企业主的经营能力直接决定了企业的经营状况。国内的旅游中小企业主往往缺乏相应的经验和技能，使得企业的经营风险较大。

（二）技术水平低下

我国许多旅游中小企业都是依靠劳动密集型策略发展起来的，技术起点比较低，未来发展前景堪忧。首先，许多旅游中小企业还没有产业升级的意识，还没有把提高技术水平摆上议事日程，有些企业虽然有产业升级的意识，却没有产业升级的能力。其次，由于资金的缺乏，无法进行耗资巨大的研究开发与设备更新，也使得旅游中小企业技术水平低下。再次，技术人员的相对匮乏也使旅游中小企业难以建立自己的技术开发体系。最后，全社会的技术转让体系还没有建立起来，使得旅游中小企业在内部难以开发技术的同时，在外部也难以获得技术。

（三）管理水平低下

多数旅游中小企业内部组织制度不健全，经常出现管理混乱、生产效率低下的情况。在生产领域，旅游中小企业往往缺少专业化分工，且协作能力较差。在供销领域，旅游中小企业生产资料供应和产品销售时常缺乏固定的渠道。在我国，旅游中小企业之间不能像发达国家那样，以行业协会方式组织起来，为企业提供全方位服务。国家对企业的管理无章可循和有章不循的现象同时存在，也缺乏对旅游中小企业的相关扶持优惠政策。

（四）人才队伍不足

人才队伍不足是制约我国旅游中小企业发展的又一限制因素，尤其是广大私营小企业，由于受社会的认识偏见等因素的影响，难以吸引所需要的人才。很多人怕受到社会的歧视而不到私营企业就业，或者把私营企业看作临时的“跳板”，不把在私营企业就业看成是真正的就业。由于缺乏经营管理和技术方面的人才，致使许多旅游中小企业沿袭着陈旧的管理方法，有些甚至还停留在传统的家族式管理状态，难以引进和采用先进的生产技术，造成企业活力不足、经济效益低下、缺乏市场竞争力。

（五）外部支持缺乏

无论是在政府行政管理、法律、财政税收、融资还是社会化服务方面，我国针对旅游中小企业的支持、帮扶、引导、管理都存在明显不足。特别是在融资方面，中小企业往往很难得到银行信任，贷款困难，缺乏资金支持。旅游中小企业在我国旅游业发展中起着不可缺少的作用，不仅能产生直接的经济效益，而且还能有效地降低游客与本地居民间的冲突，所以应加大政策支持。

（六）其他问题

旅游企业主的经营动机以及认知问题也会影响旅游中小企业的经营管理。例如，部分企业主由于自身兴趣爱好或者其他自我实现需求投资旅游企业，这部分人往往无意于提升经济效益与扩展企业规模，因而对企业经营管理并不重视；另外，部分旅游企业主可能是唯利是图的“经济人”，由于旅游中小企业的行业进入门槛低，再加上缺乏统一的规划和管理，旅游地同类服务企业增长过快，不仅浪费资源，甚至会引发各种形式的恶意竞争。

本章小结

旅游中小企业的概念界定较为困难。首先，旅游企业的类型大小（大型、中型、小型、微型）难以量化区分，不同时期、不同地域、不同发展条件下认识水平有差距；其次，旅游企业的界定也不清晰，旅游业几乎涵盖了国民经济的各个行业，很难绝对界定出哪些行业是只为旅游者服务的。基于此，本书采用定性为主、定量为辅的界定方法，将旅游中小企业定义为与旅游者的旅游活动直接相关，服务对象主要是旅游者，由企业主全权管理或部分业主联合管理、占有较小市场份额的独立私营企业，其全职雇员人数低于 100 人。本书在理清相关概念的基础上，分析了旅游中小企业在国民经济中的地位和作用，进而阐述了我国旅游中小企业发展现状，重点分析了其发展成效及其面临的发展困境。

本章的主要知识点：中小企业、旅游中小企业及其地位和作用、发展成效、发展困境。

复习与思考

1. 简述中小企业的概念。
2. 简述旅游中小企业的概念。
3. 简述旅游中小企业在国民经济中的重要地位和作用。
4. 简述我国旅游中小企业的发展成效。
5. 简述我国旅游中小企业的发展困境。

第三章　旅游中小企业经营管理模式

学习目标

通过本章的学习，学生应了解管理学发展历史演进的三个主要阶段；掌握科学管理原理、行为科学理论、现代管理理论的主要观点；了解我国旅游中小企业常见的经营管理模式。

第一节　企业管理模式

一、科学管理原理管理模式

19世纪末20世纪初，随着大机器和机器体系在工业生产中的广泛应用，企业生产规模扩大，复杂程度提高，对企业管理的要求越来越高。而当时企业的经营管理非常落后，基本停留在过去的经验管理阶段。工厂里工人的工作时间虽长，但是他们工作时出工不出力，工作效率低下。为了提高劳动生产率，获得更多的经济利益，一些学者、管理者着手探索如何用科学的管理方法取代过去的个人经验管理方法，如何将过去企业管理经验标准化、系统化和科学化，于是关于提高工厂生产效率管理模式的研究应运而生。这些研究以泰勒的科学管理模式最具代表性，泰勒进行了搬运生铁试验、铲具试验、金属切削试验三大著名试验，并提出了一系列科学管理理论。

第一，工时研究。泰勒认为科学管理要解决的中心问题是提高劳动生产率，进行工时研究是提高劳动生产率的途径之一。

第二，推行标准化操作。泰勒认为专业化分工、标准化操作是提高劳动生产率最重要的手段，为了实现标准化操作，必须从作业方法到材料、工具、机器和作业环境都要实行标准化。

第三，计件差别工资制。为了鼓励工人努力完成定额任务，泰勒提出实行刺激性的工资报酬制度——计件差别工资制度。

第四，计划职能与执行职能分开。泰勒认为为了提高劳动生产率，必须将计划职能和执行职能分开，计划部门从事全部计划工作并发出命令。

第五，实行职能工长制。也就是将一个工厂厂长或者工长所需要的多种品质，分担到多个人，使每个工长只承担一种管理职能。这一制度实际上是把总经理的权力下放给第一级的专业化管理人员的一种分权尝试。

第六，管理的例外原则。企业的高级管理人员应该将权力尽量下放给下级管理人员，但是应该保留对例外事项的决策权和控制权。

泰勒是科学管理研究的集大成者，他也因此被称为“科学管理原理之父”。除了泰勒之外，还有许多专家学者继续丰富、完善了科学管理理论。例如，同时代的亨利·甘特，进一步完善了泰勒管理模式，特别是他的“甘特图”，是当时计划和控制生产的有效工具。他还提出了“计件奖励工资制”，即除了按日支付有保证的工资之外，超额部分要给予奖励，完不成定额的，可以得到原定日工资，这种制度补充了泰勒的计件差别工资制的不足。另外，吉尔布雷斯夫妇在动作研究和工作简化方面做出了特殊贡献，他们采用两种手段进行时间与动作的研究，将工人的操作动作分解为 17 种基本动作，并用拍影片的方法记录和分析工人的操作动作，进而寻找最合理的动作范式，以提高生产效率。通过这些手段，他们纠正了工人操作时某些不必要的动作，形成了快速准确的工作方法。与泰勒不同的是，吉尔布雷斯夫妇在工作中开始注意到人的因素，在一定程度上试图把效率和人际关系结合起来。

科学管理原理是管理学历史发展中的一大突破，它极大地提高了劳动生产率，对今天的企业管理仍然具有重要启示意义。但是，随着管理实践的发展，其局限性也逐渐暴露出来。尽管科学管理时代的研究者们不断地完善管理模式，但是他们的研究始终没有超出劳动作业的技术过程，没有超出车间管理的研究范围，科学管理时代的管理模式过分夸大了经济手段的作用，将它视为调动工人劳动积极性的唯一手段。科学管理原理认为人是纯粹的“经济人”，工人最关心的是自己的金钱收入；偏重管理技术因素，忽视人的社会因素；只注重工作现场作业效率的提高，未能从企业整体上考虑如何解决好经营管理问题。

二、行为科学管理模式

在科学管理时代，过分强调管理的科学性、精密性、纪律性，对人的因素关注较少，把工人当作“会说话的机器”，不重视人的社会需求，导致许多企业士气不振，并引发一系列社会矛盾。而且，科学管理模式带来劳动生产率的极大提升，导致生产过剩，并引发西方社会严重的经济危机，由此人们开始重新思考努力提高劳动生产率的意义何在。介于当时严重的劳资矛盾、社会矛盾以及经济危机的社会背景，管理学者们开始重新审视企业的管理模式。他们重新检查企业的管理活动，创立新的管理理论和管理方法，行为科学管理应运而生。行为科学管理模式开始于 20 世纪 30 年代初梅奥进行的霍桑实验，该理论也被称为“人际关系学说”，其理论主要包括以下内容。

第一，企业员工是“社会人”。霍桑实验表明，员工并不仅仅追求物质利益，在物质利益之外还有社会和心理诉求。因为人不是孤立存在的，人具有社会属性，每个员工都属于某一工作集体并受该集体的影响。除了单纯的物质利益之外，人们还追求友情、安全感、归属等社会和心理方面的满足。

第二，影响生产效率的决定性因素是员工的工作态度。梅奥认为，劳动生产率的高低不仅受劳动环境、工作方法等物质因素的影响，更取决于员工的工作态度。

第三，企业中存在“非正式组织”。非正式组织是自发形成的，有其特殊的规范、感情和倾向，影响着每个成员的行为，甚至还可以影响正式组织中人们的行为，它是影响劳动生产率的重要因素。

第四，新的领导能力在于人际关系能力。梅奥认为，领导不仅要了解人们合乎逻辑的行为，还要了解不合乎逻辑的行为；要善于倾听员工的意见，并积极与员工沟通，在正式组织与非正式组织之间取得平衡。

行为科学管理以梅奥的霍桑实验为标志，此后许多学者从心理学、社会学角度致力于这方面的研究和探索，并逐渐形成了行为科学的理论体系。其中著名的成果有马斯洛的“需要层次理论”、赫茨伯格的“双因素理论”、麦格雷戈的“X—Y 理论”、利克特的“领导方式理论”等。这些理论加深了人们对管理过程中人的地位和角色的认识，进一步推动了对人的行为本质的探讨，提出了不同于泰勒“经济人”假设的“社会人”假设，进而提出人是“管理人”“自我实现的人”“复杂人”等。因为行为管理理论的发展，使企业管理更加注重“人”的因素，重视人的积极因素，把人看作管理的主体，实行以人为中心的管理。

行为科学管理模式相较科学管理模式更进了一步，开始更注重人的管理，在当时的时代背景下对于缓解各种社会矛盾具有重要现实意义。但是，行为科学管理模式过于偏重非正式组织的研究，对“经济人”假设过分否定，在追求人际关系的同时一定程度上导致了生产效率低下。

三、现代管理模式

第二次世界大战之后，现代科学技术发展日新月异，企业数量激增，企业规模和生产组织形式也发生了巨大变化。为适应现代企业经营管理活动的需求，诞生出不同于以往的管理理论，也就是现代管理理论。现代管理模式呈现出以下特点。

第一，重视人的因素。现代管理理论认为管理的核心是人，这是因为人具有主观能动性，对人的管理是最难的，而且对人、财、物、信息等其他资源的管理最终都是通过人来实现的。所以，要重视人的因素，尤其要重视人的社会属性，尽量满足人的综合需要，从而保证组织的全体成员齐心协力地完成组织的目标。

第二，人本管理与制度管理相结合。过去的管理模式注重制度管理，以周密的制度确保实现企业的管理目标。而现代管理注重人的素质、人的协调、人的激励和人的自控，通过提高企业员工的素质以及合理的人力资源搭配，使企业形成良好的组织氛围。制度管理是实现企业目标的辅助手段。有效的企业管理需要将人本管理与制度管理相结合。

第三，系统管理思想。随着生产力发展和科技进步，现代企业管理问题错综复杂，不再是简单的线性思维，而是对多个管理因素综合协调，协同实施。例如，销售问题绝不仅仅是销售部门的事，它与企业的发展战略、市场定位、产品生产、技术研发、人力资源管理、财务管理等都有紧密关系，因此多维管理、系统管理是现代企业管理的一个突出特征。

第四，需求市场导向。现代市场已经是买方市场，顾客满意是企业经营追求的重要目标。企业不能像以往那样只重视产品的生产流通环节，而应将这一范围扩大到消费者市场需求的全部要素。

第五，注重管理效益。企业的经济效益大小取决于企业内部的多方面因素，如经营决策是否正确、产品设计是否合理、产品创新是否及时、资源调配是否得当、员工积极性是否发挥、市场开拓是否得力、质量管理是否有效、产品生产是否规范等。简而言之，企业的经济效益在很大程度上取决于管理，企业的管理水平高，经济效益优，反之则经济效益劣，管理本身要出效益。

第六，效率和效果相结合。作为一个组织，管理工作不仅要追求效率，更重要的是要从宏观视角考虑组织的整体效果以及对社会的贡献。因此，要把效率和效果有机地结合起来，从而使管理的目的体现在效率和效果之中，也即通常所说的绩效。

科学管理原理、行为科学理论、现代管理理论既是管理学理论的三种主要管理模式，也代表着管理学理论发展的三个主要阶段。现代企业管理要在具体的经营管理过程中根据具体情况灵活使用，可以以某种理论为主，也可以综合使用多种管理模式。

第二节　旅游中小企业经营管理模式

目前，中小企业数量占我国企业总数的99%以上。从中小企业所有制结构角度，家庭所有制与私人个体企业所占的比重较大，股份制形式的中小企业所占比重相对较低，旅游中小企业也大致呈现出这种规律。在我国近 40 年的旅游中小企业经营管理实践中，形成了不同风格的经营管理模式。

一、家庭式企业管理模式

旅游中小企业创业初期，企业的创办资金主要来源于企业主自己积累的财产以及关系网络的融资，部分可能来源于资产抵押获得的贷款。因此，创办企业所需资金的来源渠道非常有限，资金数量有限。旅游中小企业刚成立时，由于存在许多的不确定因素，企业面临的经营风险较大，因此这一时期企业的创办者主要是夫妻关系。在这一时期，企业一般规模较小、产品单一、技术简单，企业内部活动易于协调和组织，生产经营活动能够利用经验进行管理，经营能力和技术缺乏进入壁垒，劳动力易于监督和取代。这类旅游中小企业宜采用企业所有者和经营者合一的模式，这样可以降低企业的资金风险，降低劳动力成本，保证企业有限资源的集中使用，以及企业对市场变化做出快速反应。总之，在旅游中小企业创业初期，采取这种方式可以有效地推动企业的规模发展。

二、家族式企业管理模式

美国著名企业史学家钱德勒在 1977 年对大量企业进行实证分析后，把家族企业定义为："企业创始者及其最亲密的合伙人和家族一直掌握大部分股权，他们与经理人员维持紧密的私人关系，且保留高阶层管理的主要决策权，特别是在有关财务政策资源分配和高层管理人员的选拔方面。"一般认为，家族企业是企业在经历创业阶段后，随着企业资产与企业规模的不断扩大，单凭企业主个人很难将企业管理的方方面面都处理好，原来的家庭式管理模式逐渐不再适宜企业的发展。因此，根据企业发展的需要，需要细化职能部门，在职能部门管理人员的设定上，企业主往往基于信用伦理，在重要岗位任用的都是亲朋好友，这样企业就形成了以创始人为核心的，沿着血缘、地缘、业缘等方面从资金和人员两个方面扩张。从总体上讲，家族企业有以下方面特征：首先，以个人产权或家族产权为主体的业主个人产权；其次，所有者、经营者、管理者、生产者几位一体；再次，以亲友为主体，亲情为纽带的治理结构，业主控制一切，没有更多的管理层次；最后，企业采用的是业主个人说了算或基本说了算的决策机制，并承担一切责任和风险。

目前，我国旅游中小企业采取家族式管理模式所占的比例非常高。家族式企业管理模式既有其利于管理、方便协作、快速决策等优势，也存在明显的弊端。

首先，家族企业的人才问题。家族企业人才流失率很高，家族企业大多数是中小企业，而中小企业大多处于原始积累阶段，往往忽视员工的个人利益和事业发展。而且家族企业有着很强的家族血缘性，血缘性使企业往往不能够客观公正地对待人才。虽然现在的家族企业意识到企业引入技术人才以及职业经理人的重要性，但由于往往不能给予人力资本要素对企业剩余价值索取权的待遇，再加上人才对家族环境的不满意，导致家族企业重金聘用人才而留不住人才，高级人才流失以及由此带来的不稳定制约了企业的发展。

其次，企业主自身素质问题。由于绝大多数的家族企业都是由私人创立的，缺乏相应的经营管理知识，企业主个人素质直接决定了企业经营成败。企业创立者从创立企业开始，在商场中摸爬滚打，更多凭借的是跟着市场走的经验管理模式。这种模式在企业创立初期也许能成功地使企业规模发展扩大，也很容易使企业创立者误认为这种经验管理模式是普遍适用的，甚至过于自信，认为自己的决策都是正确的，对企业的经营管理决策都是自己拍板决定，很少听取他人意见。事实上，随着企业规模扩大，企业不容易控制的因素越来越多，企业所处的市场环境错综复杂，市场竞争异常激烈，仅凭经验管理容易导致决策失误。企业主的决策正确与否，直接决定了企业的发展。

最后，管理以人治为主，缺乏健全的制度管理。家族企业的规章制度往往形同虚设，对非家族成员实施严格的制度管理，而对家族成员往往“法外开恩”，家族成员即使触犯了企业的规章制度也是格外处理，这就导致了企业制度执行不能一视同仁，使企业的管理出现混乱。

三、友情化管理模式

所谓友情化管理模式，就是指以朋友的友情化原则来处理企业中各种关系的企业管理模式，也有人把这种企业管理模式称为“哥们儿式”企业管理模式。在企业的创业初期，创立者们基于友情信任共同创业，协同合作努力使企业存活下去，大家创立企业本身就说明有共同的目标和价值观。企业创立初期一般是企业最为艰难的时刻，企业本身的资源也很有限，每个人都不存在私心去划分资源，一心只想把企业做大做强。这个时候，大家都有一种奉献精神，没什么可以争的，能够有福同享，有难同当。然而，随着企业规模的不断扩大，企业的资源也越来越多，每个人的私心也随之越来越重，利益纷争随之而来。这时，大家都有自己的盘算，公司人心涣散，哥们儿的友情也淡化了。因而，企业如果不随着发展而尽快调整这种管理模式，那么可能会导致企业陷入困难境地。

四、温情化管理模式

所谓温情化管理模式，实际上就是一种强调人情味的人性化管理模式。这种管理模式强调，管理应该是更多地调动人的人性方面的内在作用，只有这样，才能使企业很快地发展起来。其实，从人性论的观点来看，在企业中强调人情味的一面是合理的，但是不能把人情味作为企业管理制度的最主要原则。温情化模式基于人的良心，认为只有最大限度地满足人的需求，那么人必定会以感恩之心、更加努力的态度来回报企业。但是这种模式过于强调人情。在管理中，仅仅运用人情是不能够管理好每一件事情的，过分强调人情管理会使管理效率低下，最终造成企业经营管理困难。

五、随机化管理模式

所谓随机化管理模式，即随意性的管理模式，就是在管理中根本没有什么规则可遵循，往往是管理者想怎么办就怎么办。这种管理模式是由于企业主高度集权所致，企业主相信自己的判断能力，企业的一切必须以他为中心进行运转，企业的管理制度形同虚设，朝令夕改。这样的企业没有一个规范的流程，凡事都可以特殊处理，必然导致企业管理混乱不堪。

六、制度化管理模式

所谓制度化管理模式，是指企业建立起一整套严格的规章制度，企业的日常事务严格按照规章制度进行，对所有人一视同仁，而这些制度一般也是大家所认可的制度。这种管理模式虽然对企业内部的流程都有一个详细的规定，然而，这种制度模式极度容易使企业走入误区，误以为只有一切都标准化才是制度管理，企业内部的每一个环节都严格制定相应标准才是制度管理。事实上，许多企业在采取这种模式的时候往往会引起员工的强烈不满，员工会认为自己受到了企业的过分制约，从而对工作产生厌倦情绪，员工抵触情绪越大，越发影响企业的正常运行。

综上所述，这六种管理模式是当前我国旅游中小企业所采取的主要管理模式。当然，这些管理模式各有利弊。需要强调的是，这些管理模式的划分在我国旅游中小企业中并不是绝对的，一个企业可能有以上模式中的好几种表现形式。众多的企业实践表明，以上管理模式的关键缺陷在于不能使企业内部形成强大的凝聚力，制度管理只能靠冰冷的条例来引导企业走向成功的目标，只强调制度会使员工产生强烈的抵触情绪，温情化的管理只讲究人情也不现实。总之，已有的管理模式根本不可能使企业内部员工的价值观保持一致，形成企业强大的凝聚力，不可能对企业的最终发展方向形成一定的导向作用。

本章小结

管理学是从一般原理、一般情况的角度对管理活动和管理规律进行研究，不涉及管理分支学科的业务和方法的研究。管理学研究所有管理活动的共性原理，无论是“宏观原理”还是“微观原理”，都需要以管理学的原理作为基础来加以学习和研究，管理学是各门具体的或专门的管理学科的共同基础。旅游中小企业经营管理亦需要以管理学基本原理作为理论基础。基于此，本章简单论述了管理学发展演进过程中三种重要的管理思想——科学管理原理、行为科学理论、现代管理理论，并结合我国旅游中小企业经营管理实践，提炼出家庭式管理模式、家族式管理模式、友情化管理模式、温情化管理模式、随机化管理模式、制度化管理模式，供我国广大旅游中小企业参考借鉴。

本章的主要知识点：科学管理原理、行为科学理论、现代管理理论、经营管理模式。

复习与思考

1. 简述科学管理原理、行为科学理论、现代管理理论的主要观点。
2. 简述我国旅游中小企业常见的经营管理模式。

第四章　旅游中小企业经营管理战略

学习目标

通过本章的学习，学生应掌握战略管理的概念，理解战略管理的重要性，了解战略管理的发展历史演进与内容框架；领会旅游中小企业总体经管理战略，并掌握十种常用的专项战略；学会使用迈克尔·波特的五力模型分析旅游中小企业竞争环境，并能够根据内外部环境变化灵活选择低成本战略、差异化战略、集聚战略；能够根据我国旅游中小企业经营管理实际，灵活运用“集中一点”战略、“钻空隙”战略、特色经营战略、联合竞争战略、协作经营战略、特许经营战略、技术创新战略、低成本战略、跟随战略、模仿战略。

第一节　企业战略管理概述

一、战略管理的概念

战略管理是指对一个企业或组织在一定时期的全局的、长远的发展方向、目标、任务和政策，以及资源调配做出的决策和管理艺术。纵观管理学界不同观点，战略管理可以归纳为两种类型，即广义的战略管理和狭义的战略管理。广义的战略管理是指运用战略对整个企业进行管理；狭义的战略管理观下，战略管理包括以下几点含义：战略管理是企业制定长期战略和贯彻这种战略的活动，战略管理是企业处理自身与环境关系过程中实现其愿景的管理过程。

战略并不是虚无的东西，而是直接左右企业能否持续发展和持续盈利最重要的决策参照系。战略管理是依据企业的战略规划，对企业的战略实施加以监督、分析与控制，特别是对企业的资源配置与事业方向加以约束，最终促使企业顺利达成企业目标的过程管理。

战略管理包括企业在完成具体目标时对不确定因素做出的一系列判断，企业在环境检测活动的基础上制定战略。战略管理是一个不确定的过程，因为企业对于危险和机遇的区别有不同的理解。战略管理是指企业确定其使命，根据企业外部环境和内部条件设定企业的战略目标，为保证目标的正确落实和实现进度谋划，并依靠企业内部能力将这种谋划和决策付诸实施，以及在实施过程中进行控制的一个动态管理过程。战略管理大师迈克尔·波特认为，一项有效的战略管理必须具备五项关键要素：独特的价值取向、为客户精心设计的价值链、清晰的取舍、互动性、持久性。

企业战略管理体系设计的实质是围绕着企业的三个核心问题进行细化设计的过程，这三个核心问题分别是：企业在哪里？企业去哪里？我们何时竞争（行动）？“企业在哪里”是指明晰企业的位置，知道企业的优劣所在，企业如何从广泛的市场参与中选择有价值的目标市场与顾客，以提供满足其需求的服务举措。“企业去哪里”是企业的未来发展方向。“我们何时行动”指企业什么时间怎样行动才能战胜竞争对手，这需要企业详细分析竞争对手以及获取较高价值的各种策略手段，如采用什么样的新技术还是采用什么类型的增值服务项目等。

二、战略管理的作用

（一）有助于企业准确判断外在威胁和机遇

分析企业的外部环境即企业生存所处的环境是非常重要的，通过分析外部环境，准确判断外部发展趋势，判断其对企业的影响，得出其对企业是机会还是风险威胁的结论，并做出相应的反应。

（二）有助于明确企业核心竞争力

基于核心竞争力的发展战略，可以保证企业发展方向的正确性，巩固企业在行业内的地位。通过企业战略进行内部分析，有助于企业根据自身发展情况进行适度战略调整，强化其核心竞争力。

（三）有助于优化整合企业人力资源，提高企业效率

战略管理是一个企业内部各方面高度相互作用的过程，要求对企业内部各种职能领域进行有效的协调。各个部门的管理者和职员共同工作并提供想法和信息，参与制定企业的战略，加强组织内的协调与沟通，并形成企业特有的软实力。

（四）有助于建立品牌形象，明确目标市场

明确的战略有助于建立品牌形象，建立起自己独一无二的企业标识。

三、企业战略管理历史演进

纵观国内外企业发展历程，其发展战略大致经历了财务控制战略阶段、市场战略阶段、竞争战略阶段、核心能力战略阶段、知识发展战略阶段五个发展阶段。

（一）财务控制战略阶段

财务控制是战略管理思想的初始阶段。这种战略思想出现于第二次世界大战以后西方国家从经济政策恢复向高速发展的转变时期。这一时期，企业致力于利用高效率的规模生产来提高竞争力和强化风险控制，同时在技术上需要大规模投资，这就使得投资与财务预算协调和控制显得十分重要，进而形成以财务预算控制为主要特征的战略管理。

（二）市场战略阶段

在 20 世纪 60— 70 年代中期，约束企业发展的主要因素从内部控制转向市场制约。企业

战略重点也逐渐从内部财务控制、提高劳动生产率转向应对外部环境的变化。安索夫在战略管理研究中，把环境、组织、战略模式看作企业战略管理的三大支柱，并把管理决策分为战略决策、经营决策和操作决策三个层次。显而易见，企业战略决策主要是用来解决企业外部问题的，而并非针对企业内部问题，尤其是要确立产品组合及销售这些产品的市场。

（三）竞争战略阶段

20 世纪 80 年代，竞争理论的代表人物是迈克尔·波特（Michael E. Porter）。波特在其著作《竞争优势》和《竞争战略》中提出了行业分析方法。他认为行业因素构成了企业的主要外部环境，在很大程度上，企业所处的行业结构特征决定了企业的长期赢利能力。这些行业特征包括经销商、供应者、潜在进入者、竞争者、替代品五种力量的作用，也就是常说的“五力模型”。为此，波特提出了差异化战略、低成本战略和集聚战略三种确立企业竞争优势的战略选择，并指出为实现以上三种竞争战略选择，企业应开发出有竞争力的价值链。

（四）核心能力战略阶段

20 世纪 80 年代末到 20 世纪 90 年代，人们发现行业内的一些企业的利润比同行业另外一些企业的利润高好几倍，也就是说，企业选择一个有吸引力的行业结构并非就必然有持久的竞争优势。在竞争战略的基础上，普拉哈拉德（C. K. Prahalad）提出了企业核心竞争力问题。核心竞争力是指能够为企业带来比较竞争优势的资源，以及资源的配置与整合方式。随着企业资源的变化以及配置与整合效率的提高，企业的核心竞争力也会随之发生变化。凭借着核心竞争力产生的动力，一个企业就有可能在激烈的市场竞争中脱颖而出，使产品和服务的价值在一定时期内得到提升。普拉哈拉德认为，要确立企业的长期竞争优势不仅要考虑企业对外部环境的适应，还要重视企业战略性资源的占有、能力的培育，尤其是企业要拥有核心技术、核心能力。因此，核心能力战略成为企业成长理论的热点问题。

（五）知识发展战略阶段

20 世纪 90 年代以来，随着全球信息化以及网络技术的迅速发展，以知识技术创新为基础的新型发展战略逐渐形成。所谓知识经济就是以“智力资源的占有、配置，以科学技术为主的知识生产、分配和使用为最主要因素的经济”。因此，知识是提高生产率和实现经济增长的驱动器。企业要实现知识发展战略，就要重视知识的共享、创新和管理。

综上所述，企业的战略管理演化过程大致经历了财务控制战略、市场战略、竞争战略、核心能力战略和知识发展战略五个阶段，战略管理的演化过程为旅游中小企业战略管理提供了十分有益的启迪。

四、企业战略管理的内容

企业战略就是企业要充分考虑外部的发展机遇及面临的发展威胁，结合企业自身的发展优势与发展劣势，明确企业的总体发展目标，制定和选择实现目标的总体性计划。企业战略体系包括四大内容：战略指导思想、战略目标任务、战略策略、战略措施。在结合经营决策过程分析的基础上，便形成了中小企业的战略体系结构。

（一）战略指导思想

战略指导思想又称核心价值观或经营理念，是企业或企业家对未来发展的一种见解或设想。战略指导思想为企业将要经营的业务规定出价值观、信念和指导原则。战略指导思想通常要求企业领导具有战略眼光和远见卓识，辩证思维和识别能力，对环境变化的敏锐洞察能力和创新精神，由此才能提出不平凡、有创见的战略指导思想。

（二）战略目标任务

战略目标任务指明了企业生存的目的和使命，包括战略目标和战略任务两方面。战略目标主要是描述产品发展方向、技术发展方向、企业发展方向，一般用几十字高度概括企业拟达到的目标。企业根据现实与可能的结合，在预测宏观环境变化和本企业现有基础以及优势、劣势的基础上，参照其他企业目标，提出自己的发展目标。战略任务将总目标分解为一系列定性或定量的指标，并组成公司任务体系。目标任务体系应尽可能细化，争取涵盖企业各项工作，制定这些目标任务可采用自上而下、自下而上或上下结合的方法，并采取一系列科学论证方法。战略目标一经确定，一般不要频繁修改，应作为企业未来相当时期的奋斗目标。战略指导思想和战略目标任务就是分析当前远景规划的主要内容，在结合分析环境的机会和威胁以及识别企业优势和劣势的基础上，制定出企业的战略策略。

（三）战略策略

战略策略是指企业为实现其宗旨、目标和任务而确定的组织行为方向和资源配置纲要或长期性经营战略方案，主要包括竞争战略、核心专长战略、生产战略、产品战略、市场营销战略、研发战略、投融资战略、技术创新战略、人力资源开发战略、文化战略、信息化战略、国际化战略等。

（四）战略措施

战略措施又称战术方案或具体手段，是指实现战略策略而采取的一些具体经营战术和方法，是对组织目标更精确甚至量化的描述。与战略是总体、长期的规划不同，战术往往是局部、短期的安排。战略措施主体内容包括投资方式、融资渠道、产品发展方向、生产发展规模、质量控制、技术工艺发展水平、主要技术经济指标、科研计划、外协配套计划、原辅材料采购计划、库存管理、利润计划、营销体系、职工培训计划、生活福利计划、环保等内容。

第二节　旅游中小企业总体战略与专项战略

一、旅游中小企业总体战略

由于旅游中小企业处于成长阶段，在还不具备“做大”的条件下，应自觉进入细分市场，实行“小而专、小而精、小而新、小而特”的发展战略。要创造与众不同的产品，掌握独具特色的技术，开辟唯我独有的市场，在技术、质量、服务特色上下功夫，努力避开与大企业竞争的不利环境，填补市场需求的空白。所以，旅游中小企业在总体战略中宜采用成长战略，或者称为发展战略。

所谓成长战略，是企业根据自身所面临的外部环境和自身的比较优势，基于自身利益和可持续性发展目标，在有效协调自己与社会的相互关系的基础上，从全方位的综合因素出发，对自己的生产经营和资本经营所进行的自主选择、自我设计，是有关企业的发展方向及其大政方针的总体性规划，并把旅游中小企业的各专项战略或职能战略体系包含在成长战略中加以讨论。总体战略或各专项战略的核心任务是为了取得竞争优势，因此，竞争战略应该放在战略体系的核心战略位置，在此基础上构成旅游小企业的战略管理体系。

二、旅游中小企业专项战略

旅游中小企业常用的专项战略主要有以下十种。

（一）市场营销战略

现代营销学认为，企业营销活动成败的关键，就在于它能否适应不断变化着的市场营销环境。企业必须全面、客观地分析和掌握外部环境的变化，以此为基础和出发点来制定企业的战略目标和实现战略目标的战略。与大企业相比，旅游中小企业面临着技术力量薄弱、管理能力差、经济效益低下、资金短缺等严重问题。所以，旅游中小企业不能像大企业那样拥有广泛的商情网络，所以应该从自身的实际出发，根据自身的能力搜集市场信息，如从二手资料中吸取有价值的信息。二手资料可能存在于经销商、广告代理商、行业协会的信息系统内，也可能出现于政府出版物或商业、贸易刊物上，还可能须从提供营销信息的企业购进。互联网技术的发展为市场营销带来了革命性变革，对旅游中小企业而言，可以充分利用国际互联网的信息支持、服务系统提供的市场信息，追寻市场发展趋势，挖掘市场空隙。中小企业势单力薄，竞争能力弱，难以和大企业进行正面、直接的竞争，在自己实力还未壮大之前，应当避实就虚，找到那些大企业没有发现，或者大企业不想干但并非没有前途和利润的细分市场，作为自己的目标市场，这就是缝隙营销战略。单个的中小企业实力肯定是弱小的，但是一个凝聚力强的中小企业命运共同体是坚不可摧的。中小企业间可以采取共生营销策略，共生营销就是“以契约为纽带，通过两家或更多家相互独立的企业在资源与项目上进行合作”。

（二）核心专长战略

旅游中小企业未来发展应突出三大优势：本土优势、比较优势和后发优势。随着贸易壁垒逐渐被打破，不同的生产要素将在全球范围内优化配置，本土优势所剩无几；形成后发优势的前提是必须具备一定的比较优势，所以在经济全球化的冲击下，国内旅游企业尤其是旅游中小企业要想取得一定的比较优势，必须在自身所处的价值链中打造出独特的核心能力。1990 年，著名管理学家普拉哈拉德和哈默尔二人所著的《公司的核心竞争力》（*The Core Competence of the Corporation*）一书中首先提出了企业的核心竞争力的概念。核心竞争力是指某一组织内部一系列互补的技能和知识的结合，它具有使一项或多项业务达到竞争领域水平、具有明显优势的能力。简单地说，核心竞争力就是企业在经营过程中形成的不易被竞争对手效仿的能带来超额利润的独特的能力。旅游中小企业无论在资金、规模、人力上都不具有优势，因此，要想在诸多大型企业的夹缝中求得生存与发展，旅游中小企业必须具有别人无法比拟的、独特的核心竞争力。核心竞争力是企业独具的、支撑企业可持续性竞争优势的核心能力。核心竞争力主要有以下特点：能实现用户所看重的核心价值，具有难以模仿和超越的独特性，具有延展性，不能通过市场买卖获得等。核心竞争力是企业获取持续竞争优势的来源和基础，旅游中小企业可根据自己的运行与环境特点，采取各种形式来培育自身的核心竞争力。

（三）技术创新战略

技术创新是一个企业能否获取持续竞争优势的关键。技术创新战略是企业经营战略的有机组成部分，随着经济和信息技术的发展，企业技术创新战略越来越成为企业经营战略体系中的核心内容，并在很大程度上决定着企业经营战略的性质、方向和成败。制定技术创新战略对旅游中小企业十分重要。

（四）投资融资战略

投融资关系到企业能否存在并发展壮大的最终驱动力和制约因素，它包括投资和融资两个方面内容。统计数字表明，对中国 GDP 增长贡献达 70%多的中小企业却只占用了不到 30%的金融资源和 10%左右的贷款金额，中小企业平均开发经费不足销售额的 1%。随着我国改革的进一步深入，中小企业特别是成长型中小企业的发展却日益受到融资瓶颈的严重制约。我国商业银行体系不发达使得大部分优质客户无法得到商业银行的贷款，高度计划的利率管理体系使得许多优质的中小企业无法得到贷款。法律和传统中保护债权大于保护产权的情况，使得直接融资成本较高，直接融资渠道受到严格控制，而我国金融机构存款居高不下，企业间接融资是解决资金问题的主要渠道。我国针对中小企业的资本市场不发达，使得风险投资面临困境。通过担保—投资模式对高新技术企业发放贷款，使得风险投资的前期风险得到严格控制，同时在中后期，可以通过债权股权转移、兼并收购等方式实现产业投资、风险投资的高额利润。

（五）国际化战略

可以借鉴其他国家的一些成功做法，如设立海外投资促进专门机构，从事政府资助和相关政策的制定。例如，美国有小企业管理局（SBA），为旅游中小企业经营寻求政策上的支持；德国政府执行“欧洲复兴计划（ERP）”，重点是支持小企业发展，包括资金援助计划、小企业启动援助计划、培训计划等。寻求我国驻外机构支持，他们与驻在国政府、商务机构、商协会、企业熟悉，了解驻在国的政策、法律、风俗习惯、市场动态，能够为我国中小企业国际化战略的实施提供信息支持，帮助协调各方面关系。单个企业势单力薄，中小企业可以联合上下游企业共同出击，去开拓同一市场，即人们所常说的“扎堆式出击”，联合行动、联手出击，这样可以使中小企业相互照应，增强影响力，而且可有效避免内耗竞争。

（六）信息化战略

随着以计算机、通信技术、网络技术为代表的数字化技术的发展，信息化成为21世纪科技发展的突出特征。信息化战略也成为旅游中小企业战略体系中不可缺少的一部分。企业信息化是指企业以业务流程（优化）重组为基础，在一定的深度和广度上利用计算机技术、网络技术和数据库技术，控制和集成化管理企业生产经营活动中的所有信息，结合企业现有的生产、经营、设计、执照、管理，及时地为企业的“三层决策”系统（战术层、战略层、决策层）提供准确而有效的数据信息，实现企业内外部信息的共享和有效利用，以提高企业的经济效益和市场竞争能力。旅游中小企业要想在竞争中占有一席之地，信息化势在必行。信息化的真正优势在于“集成效益”，随着业务规模和运行规范化的发展，必然要过渡到“集成”阶段。

（七）人力资源开发战略

当前世界经济竞争，实质上是对高质量人力资源的竞争。人力资源的开发和管理，无论对大型企业或是中小企业，都会产生至关重要的影响，是经济和社会发展的决定性因素。旅游中小企业在吸引人才方面的困扰较多，但与大企业相比仍有自身优势。旅游中小企业具有体制灵活、对环境反应灵敏、发展潜力大等优点，人才在企业中的发展机会较多，容易发挥个人的特长，体现自己的能力。所以旅游中小企业应扬长避短，建立一个有效的、吸引人才的机制。首先，建立正确的观念，从狭隘的人才观到全面的人才观，即从单纯的技术人才观到多样性、多层次性的全面人才观；其次，要善于发挥自己的优势，有效地利用企业有限的资源，运用薪资福利、职位、股权、企业文化等多种方式努力创造吸引人才的条件；最后，采用各种形式，从内外部选择优秀人才。

（八）生产战略

生产战略是指在企业经营战略的总体框架下，决定如何通过生产作业活动来实现企业的整体目标。生产战略根据企业所拥有的各种资源和对内外部环境的分析，对生产作业管理和生产作业系统有关的基本问题进行分析判断，确立总的指导思想及决策原则。需要注意的是，生产战略是企业或者企业某项事业的经营战略中的一个职能战略，其作用在于在生产领域内取得某种竞争优势以支持企业的经营战略。生产管理包括生产系统的设计和生产系统运行的计划与控制，其中包括许多战略问题，主要是生产规模、生产流程、生产能力调整、纵向一体化等。旅游中小企业应根据自己的实际情况，结合总体战略，制定并选择企业的生产战略。

（九）研发战略

研发战略就是研究开发战略。旅游中小企业研究开发战略共分为四种，即进攻型战略、追随战略、技术引进型战略和部分市场战略。

（1）进攻型战略。进攻型战略追求企业产品技术水平的先进性，抢先占领新市场，在竞争中力争保持技术与市场强有力的领先地位。采用此战略的企业应有较强的技术研发能力和财力，能从技术上预见未来市场的潜在需求，并有能力批量生产新产品。这种战略代价高、风险大，对企业的要求也高，但该战略取得成功后能给企业带来巨大利益。

（2）追随战略。追随战略下，企业不抢先研究和开发新产品，而是当市场上出现成功的新产品时，立即对其进行仿造或改进，并迅速占领新市场。选择这种战略的企业要有较强的研究与开发能力，要有高水平的技术情报专家，并具有效率特别高的消化吸收和创新的能力。该战略具有收效快、成本低、高性能、高质量占领市场赢得利润的优点。当然，采用该策略的企业市场占有率较小，价格上也难以占有优势，因而企业收益也会受到相当大的影响。

（3）技术引进型战略。技术引进型战略通过购买高等院校、科研机构的专利或科研成果来为本企业服务，把他人的开发成果转化为本企业的商业化收益。从国外引进技术也是一种重要选择。当企业有较好的信息系统，但缺乏技术专家、财务有限、没有独立的研发机构时，可以考虑采取该战略。在技术引进中应注意引进适用技术。所谓适用技术是指适合于本国、本地区或本企业经济条件和环境技术条件，能产生最佳社会经济效益的一种技术。在技术引进中应注意引进软件。软件引进主要是引进技术专利、技术诀窍、技术设计、数据及科研成果等。我国企业技术引进应采用“软硬结合，以软为主”的引进方式，可收到少花钱多办事、提高企业技术水平的效果。在技术引进中要重视消化、创新，能够自主开发才是技术引进的最终目的。同时，在技术引进中要特别重视智力引进。

（4）部分市场战略。部分市场战略也叫依赖型战略，这种战略主要是旅游中小企业为特定的大企业服务，企业用自己的工程技术主要满足特定大企业或母公司的订货要求，不再进行其他的技术创新和产品的开发，只要不失去为之服务的特定大企业，就能安全稳定地经营。选择这种战略的企业，专业化生产能力很强，是大企业的卫星企业或子公司。该战略满足订货要求或母公司专业化的需要，一旦特定大企业的产品生命周期进入衰退期，则为之服务的企业的经营也将陷入困境，因此要求企业具有适应不同用户要求的灵活性。总之，旅游中小企业应根据自己的实际情况，选择企业的研发战略。

（十）文化战略

文化战略是依据企业总体战略要求对企业文化的发展目标和发展方向所制定的战略计划，是企业文化建设在长时期内应遵循的依据。文化是产品创新之源，企业文化战略是旅游中小企业成长战略体系的重要方面。文化是创立名牌的基石，品牌是形象、信誉和一种知识产权，文化内涵是品牌成长之本，名牌则为企业带来巨大的竞争优势。在现代市场竞争中，文化含量已成为衡量产品竞争力的一个重要标准。消费者的物质需求已不是人们消费动向的决定因素，对消费者有决定意义的是人的心理需求或精神需求，这就要求增加商品中的文化含量和文化附加值。产品的文化内涵非常丰富，包括产品的构思、设计、造型、款式、装潢、包装、品牌和广告等，其带有强烈的审美意识，具有文化个性，展示一定的文明水平。在现代市场上，产品的文化含量越高，其附加值就越高，企业的生存发展能力就越强。由此可见，旅游中小企业在发展过程中要注意以文化创品牌，以文化兴品牌，文化战略是旅游中小企业成长战略的重要组成部分。

第三节　旅游中小企业竞争战略

一、竞争结构分析

波特在《竞争战略》一书中提出了竞争结构分析模型，它定义了市场的五种力量，包括潜在进入者、现有企业间竞争、替代品威胁、买方谈判能力、供方谈判能力，通过对五种力量的分析，可以确立企业的行业定位。

（一）潜在进入者

行业外准备或者正进入某行业的企业称为潜在进入者（或称新进入者），它们的进入会加剧该行业的竞争。然而，企业能否进入一个行业，以及对企业构成的威胁程度，取决于行业内阻止加入竞争的进入门槛和来自现有企业报复可能性的大小。进入门槛越高，报复越激烈，新企业加入竞争的威胁越小，原有的企业收益越高。阻止新企业加入竞争的进入门槛主要有以下几点：一是规模经济效益，规模经济越明显，进入壁垒越高；二是产品差别化优势，产品差别化优势会迫使潜在入侵者受到压力，因为要想获得同样竞争优势必须耗费大量资金、人力和时间，很可能得不偿失；三是转换成本，即买方替换供应商时所遇到的一次性成本，转换成本成为影响潜在进入者进入相关行业的重要因素。此外，销售渠道、与规模无关的成本劣势、政府政策等因素都会影响潜在进入者是否进入相关行业。

（二）现有企业间竞争

行业内部的企业在生产经营上既相互依存又相互竞争。当行业内只有一个主导企业时，行业获利能力最高，非领先企业的获利能力主要取决于它们的规模与领先企业的相对情况，而不是自己的绝对规模。产业内竞争强度受以下因素影响：一是产业内企业的数量，产业内竞争对手越多，竞争程度越激烈；二是生产规模，有些产业的规模经济要求生产能力大幅度增加，增大生产能力可能对产业造成慢性侵蚀，破坏其供需平衡；三是退出壁垒，由于资产专用性、沉没成本及其他因素，一个企业很难退出该行业。

（三）替代品威胁

替代品一旦出现，现有产品就难于提高价格，替代品使一个行业中的产品出现一个价格上限，以限制该行业的潜在收益。因此，替代品的出现对整个行业都构成了威胁。对此，行业可以通过大规模的广告活动，以及分析替代品的发展趋势来采取相应的对策。

（四）买方谈判能力

如顾客讨价还价能力较强，且数量相对集中，则会提出生产企业降低价格、提高产品质量、提供较好的服务等要求。影响顾客谈判能力的因素主要包括购买批量的大小、顾客的联合程度、顾客对产品差异性的要求、顾客掌握市场信息的程度。顾客的谈判能力对生产企业形成一种谈判压力。就购买者的零售商和批发商而言，其讨价还价的能力除取决于以上因素外，还会受到其他因素的影响。当零售商能够影响消费者的购买决策时，他们可以获得较强的讨价还价能力。同样，批发商若能左右零售商或其他厂商在购买其销售的产品的决策时，也能获得较强的谈判能力。

（五）供方谈判能力

供应商如果讨价还价能力较强，且数量相对集中，也会产生与购买者一样的谈判能力。

供应商通过提高价格、降低服务标准及配额供给等手段迫使生产企业做出一定程度的妥协。另外，供应方产品若成为购买者业务的主要投入来源，而这种投入对于买方的生产工艺或产品质量方面的成功至关重要，这就使得供应商的势力增强，此时供方集团表现出前向联合的现实威胁。

以上五种基本竞争力量状况及其综合强度决定着行业的竞争激烈程度，决定着行业中获得利润的最终潜力。不同行业竞争力的综合强度不同，各行业利润的最终潜力也不一样。竞争力量的综合强度有强烈、缓和之分。在竞争激烈的行业中，一般不会出现某一家企业获得惊人收益的状况。在竞争相对缓和的行业中，各企业普遍可获得较高的收益。而随着行业竞争不断加剧，也会导致投资收益率降低，直到趋近于竞争的最低收益率。假如投资者的投资收益率低于或大大低于社会平均投资收益率，他们就会将资本投入其他行业，最终停止经营。五种竞争力量共同决定行业竞争的强度和获利能力，但各种力量的作用是不同的，常常是最强的力量或某几种力量共同处于支配地位，并起决定作用。因此，企业在竞争战略分析中必须抓住处于支配地位、起决定作用的竞争力量。旅游中小企业通过对行业中五种作用力的分析，就能找到自己的位置，进行行业定位。在这个位置上，如果某企业能较好地防御五种竞争力量，或是对这些竞争力量施加有效影响，就能使它们有利于本企业发展。

二、旅游中小企业竞争优势与战略选择

通过波特的竞争战略分析可以看出，成功对抗五种竞争力量才能在行业竞争中处于有利地位。旅游中小企业要想长期维持较高水平的收益率，就要建立持久的竞争优势。波特归纳了两种基本的竞争优势，即成本领先和差异化。而成本领先和差异化优势又是由企业在行业中与竞争对手五种作用力对比而决定的。两种基本战略优势与企业谋求优势的活动范围相结合，就产生了三种战略，即低成本战略、差异化战略和集聚战略，其中，集聚战略又可以分为成本集聚战略和差异化集聚战略。

（一）低成本战略

低成本战略与高市场占有率、高边际收益率、较快的技术创新之间存在着密切的关系。就整体而言，旅游中小企业在与大企业的竞争中并不具备成本优势。但就某一产品、某项业务以及内部控制上，旅游中小企业也可采取低成本战略，通常低成本战略类型可大致分为以下九种：

（1）规模经济，即利用经验曲线，降低成本；

（2）低人工费用，即降低劳动力工资或将产品转移到廉价劳动力区域生产；

（3）改进产品设计和生产工艺，即通过工艺创新，降低成本；

（4）技术创新，即加快技术和设备更新换代；

（5）简化产品，通过产品创新，降低成本；

（6）费用控制，包括降低各种财务费用；

（7）组织流程再造，通过制度创新，提高企业运行效率；

（8）网络技术，即通过运用网络技术，降低交易成本；

（9）采购招标，即通过招标方式，降低采购费用。

（二）差异化战略

差异化战略的总方针是将企业提供的产品或服务差别化，满足顾客对某些特定产品或服务的需求，并从中获得溢价收益。差异化战略是旅游中小企业的最佳战略选择。差异化战略有以下八种常见类型：

（1）品牌差异化；

（2）产品分销差异化；

（3）产品文化差异化；

（4）产品质量差异化；

（5）产品创新差异化；

（6）产品性能差异化；

（7）产品服务差异化；

（8）产品附加价值差异化。

差异化战略可以建立起对五种竞争力量的有效防御，容易使旅游中小企业在行业竞争中赢得高水平的收益。这种战略利用顾客对品牌的信任及对价格的敏感性降低，一方面，可以使企业避开竞争，另一方面，由于得到顾客的信任以及竞争对手要战胜这种“独特性”需付出较大的努力，因而就构成了入侵障碍。由于差异化战略带来的高的边际收益，以及产品本身的特质，因此就构成了对供方和买方的压力。另外，当企业面临替代品的威胁时，也比竞争对手更有竞争力。

（三）集聚战略

集聚战略主攻某个特定细分的顾客群，如产品的某一细分市场，某一个细分区域或某一个区域市场。采取集聚战略的企业围绕着某一特定目标，使业务集中化，以更高的效率、更佳的效果为某一狭窄的战略对象服务。集聚战略又可分为成本集聚战略和差异化集聚战略。集聚战略也是旅游中小企业竞争战略的一个重要战略选择，旅游中小企业要因地制宜，扬长避短，根据自身的资源，集中发展一个品牌，服务某一特定顾客群，这样才更具竞争力。在市场上存在明显的市场需求差异，在竞争对手尚未关注的情况下，旅游中小企业可根据自身的资源实力状况采用集聚战略，树立竞争优势，获得较好的经济效益。

第四节　旅游中小企业战略管理实务

一、“集中一点”战略

由于旅游中小企业大多规模较小、资源有限、实力较弱，往往无法经营多种产品以分散风险，但是可以通过集中兵力，选择能发挥企业自身优势的细分市场来进行专业化经营。这就是旅游中小企业的“集中一点”战略，又称“小而精、小而专”战略。

（一）战略要点

“集中一点”战略指进入被现有企业忽略的小市场、市场缝隙，并且集中资源满足这部分狭窄目标群体需求或潜在需求，定位于新顾客、新细分市场，将专注于目标客户作为取胜的关键。之所以有利基市场的存在，或者是被现有企业忽视，或者是现有企业没有发现，或者是现有企业无法确定细分市场的市场容量和盈利性，或者是细分市场的现有竞争者比较弱小（没有充分挖掘市场潜力）。随着对定位理论理解和实践的深入，焦点战略的外延有扩大的趋势。集中一点战略专注于利基市场，市场开发的资源要求降低了，与资源有限的旅游中小企业在战略上非常匹配；避免了与现有企业进行成本较高的直接竞争，能够取得先发优势和定位优势，在细分市场抢先在消费者心中占据第一的位置。利基市场几乎没有直接的竞争，旅游中小企业可以取得相对垄断的高额利润率。

当旅游中小企业进入被大企业忽视的利基市场时，如果这个市场是有利可图的，大企业完全可以开发相同的产品进入同样的市场。由于竞争集中在新的细分市场、新的产品上，不会对大企业原有的市场产生冲击，不会引起大企业原有市场销售的分流和利润的下降，因此大企业完全可以采取跟随和模仿策略进入利基市场。价格战也许会成为决出胜负的最终方式，实力雄厚的大企业往往成为最终的胜利者。质量和品质一般不属于可持续性竞争优势，竞争者可以凭借雄厚的经济和技术实力，轻而易举地进行模仿或者超越。旅游中小企业因为规模较小，难以获得规模、范围、学习和经验效应，因此通常在成本上不具有优势，但是可以依靠降低运营成本，或者依靠更好的成本控制在短期内获得成本优势。成本优势在短期是可能的也是可行的，但从长期看，中小企业难以同具有整体优势的大企业竞争。可持续竞争优势可以表现为品牌形象、某种独特的资源、客户关系、更贴近或更理解目标消费者的增值服务、更加专业化的营销组合以及分销网络。

（二）战略优势

采用这种战略对于旅游中小企业的发展具有两方面的益处：一是旅游中小企业可以通过扩大市场批量、提高专业化程度和产品质量，提高规模经济效益，增加收益，在市场上站稳脚跟。二是随着需求多样化和专业化程度的提高，大企业也普遍欢迎这些专业化程度高、产品质量好的中小企业为其提供配套产品。从而中小企业能够走上以小补大、以小搞活、以专补缺、以专配套、以精取胜、以精发展的良性发展道路。采用这种经营战略使旅游中小企业经营目标集中，管理方便，这样有利于提高技术，争取有利地位；但同时也存在着风险，因为中小企业往往依赖于某种产品和技术，一旦市场变化、需求下降就会给旅游中小企业的生存带来威胁。

（三）战略实施

1. 选择目标市场

选择目标市场是实施“集中一点”战略的关键。旅游中小企业选择目标市场的正确方法，是将某一特定的细分市场对企业的要求同企业自身素质相比较，找到能够发挥优势的细分市场。

2. 提高企业的产品开发能力

由于旅游中小企业单独开发一项新技术或产品需要付出很大代价，而且风险极大。所以，旅游中小企业可以依靠社会力量，通过与大专院校、科研机构联合开发技术，提高企业的产品开发能力，做好企业的创新工作。

3. 做好市场营销

采用这种战略的旅游中小企业面临的市场或顾客都比较稳定，所以市场营销的重点是增加销售渠道，寻求新的顾客，采用适当的价格策略等。

二、“钻空隙”战略

由于旅游中小企业具有机动灵活、适应性较强的特点，它能够根据市场状况，通过寻找旅游市场上的各种空隙，并凭借自己快速灵活的优势进入空隙市场，这就是“钻空隙”战略。企业钻进空隙后，可以扩大空隙，向专业化方向发展，也可在别的企业进入后迅速撤离，寻求新的空隙。波特教授曾说过，对中小企业来说，战略成功的关键在于找到正确的市场区隔，集中投入。无数事实证明，许多旅游中小企业就是在大企业无法顾及或不愿顾及的“夹缝”市场中求得生存和发展的。随着人们旅游需求的多变性和多样化，一个大的总体市场会留下许多小的区隔市场。

（一）战略要点

采用这一战略的旅游中小企业所选择的产品一般具有以下特征：

（1）产品寿命周期较短，只能在一段时间内加以生产；

（2）加工工艺简单，生产周期短，所耗资金少；

（3）被主要竞争对手忽略；

（4）旅游中小企业自身有充足能力向空隙市场提供这种产品。

（二）战略优势

这种战略一般适合于那些实力较弱，或者刚兴办的旅游中小企业。因为这一战略具有很大的过渡性和可塑性，虽然对于企业积累资金、扩大规模具有明显效果，但采用这种战略具有较大的不稳定性，会经常变更产品，会给管理工作带来很多不便，对经营带来较大的风险，企业的发展也会受到很大限制。因此，采取这一战略的旅游中小企业发展到一定程度后，就要考虑实施战略的转移，以保证长远的竞争优势。

（三）战略实施

为了保证这一战略的有效实施，旅游中小企业在战略实施过程中要做好以下几点工作：

第一，建立一套高效、灵敏、准确的信息系统，因为这一战略的成功很大程度上取决于市场信息的准确性和及时性。

第二，在组织上要保证战略决策在实施过程中的有效性，以便决策能够以尽可能快的速度转化为企业的生产经营活动。

第三，做好市场营销工作，尤其是搞好企业的广告和推销工作。

三、特色经营战略

旅游中小企业由于规模小，难以靠规模效益达到成本领先的地位，但中小企业的经营范围相对较窄，容易接近顾客，能够通过使自己与众不同的产品和服务来吸引消费者，这就是特色经营战略。

（一）战略要点

对于采用这种经营战略的旅游中小企业而言，处理好经营特色与成本之间的关系是战略成功的关键。因为经营特色往往以成本提高为代价，如增加研究开发费用等。因此，企业在处理这个关系时，应该以下面三个因素为基础：

第一，企业的经营能力，企业能否在市场竞争中长期保持自己的经营特色。

第二，成本差距，顾客愿意为经营特色所支付的最大成本，如果成本超过一定限度，顾客可能会放弃特色因素而重视价格。

第三，对于市场的发展状况，一般来说当产品达到成熟阶段时，消费者对产品的经营特色的兴趣会降低而转向低价的标准。

（二）战略优势

采用这种经营战略对旅游中小企业是有利的，一旦这种经营特色建立起来，就具有很强的竞争力，因为它能够得到用户的信任，满足用户的需要，所以可以长久地树立起优势地位，而不会被其他企业替代。尤其是这些经营特色与企业的大小没有直接关系，旅游中小企业可以靠此弥补规模上的不足，在市场上同大企业开展竞争。

（三）战略实施

实施这种战略需要把握以下要点：

第一，改变产品形式，向市场推出与市场现有产品功能相近但形式不同的产品。

第二，使产品的品质更符合顾客的要求。

第三，造成价格优势。

第四，对产品进行创新开发。

第五，利用品牌的差别性和联想性。旅游中小企业在竞争中，如何在不侵害别人品牌的前提下，巧妙地与名牌发成一定的联想，这样可以对自己产品的市场占有率的提高大有裨益。

四、联合竞争战略

由于单个旅游中小企业资金薄弱，生产技术较差，难以利用规模经济效益，因此，旅游中小企业可以在平等互利、风险共担的原则下，结成较为紧密的联系，互相取长补短，共同积累资金、共同开发新技术和新产品、共同开发市场，这就是中小企业的联合竞争战略。

（一）战略要点

通过联合结盟可以增强旅游中小企业的竞争能力，提高大企业的竞争成本。专注于企业自身的核心竞争力已经成为一种趋势，这使得联合成为旅游中小企业建立竞争优势、增强抗风险能力重要的战略选择。当然，没有永远的朋友，只有永恒的利益，建立在利益基础上的联合，往往带有不稳定性。

（二）战略优势

一方面，由于每个旅游中小企业都有自身的优点，同时又有自身无法克服的缺点，单个旅游中小企业在市场中会遇到种种困难和危机。而如果把这些各具特色的旅游中小企业联合起来，就能取长补短，共同开发市场，从而有利于自己的生存和发展。另一方面，由于单个旅游中小企业规模上的局限性，通过有效合作，可以充分利用资金、技术、人才等资源，有利于形成规模效益。

（三）战略实施

联合一般可以采取三种方式：一是与对手联合，以股权置换、合资等形式拉住对手，或者为对手提供服务培养自己的竞争能力；二是与对手的竞争者、合作伙伴建立联盟；三是旅游中小企业之间的联合，可以是横向的结盟，也可以是产业链上的纵向联合。无论采用什么样的方式，在某种程度上都可以弥补旅游中小企业的资源劣势、实现优势互补、提高生产率和降低成本，为旅游中小企业赢得更大的生存空间和发展的时间。旅游中小企业的联合方式主要包括以下两种。

1. 松散型联合

松散型联合是企业之间仅局限于生产协作或专业化分工方面的联合，或在采购、营销等某一方面进行契约式的联合，而在资金、技术、人员等方面基本没有联系。采用这种联合方式的旅游中小企业彼此约束力不强，比较自由，但不能成为命运共同体，因而竞争力不强。

2. 紧密型联合

紧密型联合指企业之间除了生产协作或专业化分工方面的联系之外，还进行资金和销售方面的联合，如互相持股、按股分息、互相调剂余缺、建立统一的销售队伍等。参加联合的旅游中小企业能成为命运共同体，从而可以提高竞争力。

五、协作经营战略

采取这种战略的旅游中小企业，在决定自己的生产方向时，不是着眼于开发新产品，而是依附于大企业的生产系统，接受一个或数个大企业的长期固定的订货，成为它们的一个协作生产单位，这就是协作经营战略，又称生存互补战略。

（一）战略要点

这是根据旅游中小企业力量单薄、产品单一的特点而制定的一种经营战略。大企业为了获得经济效益，必然要摆脱“大而全”的生产模式，从而选择业务外包的方式，求助于社会分工与协作，这在客观上为旅游中小企业的发展提供了更多的机会。同时，随着经济的日益全球化，旅游中小企业还可以通过与跨国公司开展协作经营，进入全球采购生产网络，提高自身的竞争能力。

（二）战略优势

旅游中小企业采用这种战略对于其自身发展很有益处，因为这可以为它们的长期生存和发展提供一个可靠的基础，尤其是对于实力较弱、创办时间不长、虽有一定的生产能力但尚未形成自己的销售网络的企业来说，采用这一战略可以大大减少经营风险。

（三）战略实施

采用这种战略的旅游中小企业所获取的利润水平较低，对大企业依赖性较强，比较被动，这会给企业的长远发展带来不利的影响。因此，在实施这种战略时，旅游中小企业应该解决以下问题。

1. 与大企业的协作条件

对于旅游中小企业来说，十分关键的问题是确定与大企业的协作条件，这些条件包括价格、交货期、质量、支付条件等。旅游中小企业在决定承包条件的过程中，要尽量争取保持自己的地位，以一种平等的关系来确定协作的条件。这一方面需要旅游中小企业注重谈判策略的运用，另一方面也要求旅游中小企业不断增强自身的实力，以在谈判中争取主动。

2. 企业的长远发展问题

小型承包企业往往受大企业的较强制约，独立性较差，利润水平相对也比较低，所以企业发展到一定的规模、具备一定的实力后，就应考虑实施战略转移，以谋求企业的长远发展。这要求旅游中小企业在注重日常生产的同时，应该注意积累和增强自己的开发能力，争取提高产品质量，开发新产品，树立信誉，逐渐摆脱大企业的控制而独立地面对市场，使企业获得长期发展。

六、特许经营战略

特许经营是特许人将自己的商标、商号、产品、专利、技术秘密、配方、经营管理模式等无形资产以特许经营合同的形式授予被特许人（受许人）使用，按照特许人统一的经营模式从事经营活动，并向被特许人收取费用的经营形式。特许经营是一种营销产品、服务或技术的体系，基于在法律和财务上分离和独立的当事人——特许人和他的单个受许人之间紧密和持续的合作，依靠特许人授予其单个受许人以权利并附加义务，以便根据特许人的需求进行经营。

（一）战略要点

特许经营是产品市场营销管理的一种策略，用以加速产品的流通和分销。经营者购买特许经营权而成立专门店，每一专门店均具统一形象，包括铺面设计、产品、价格等。各专门店均是小型企业，但有大型公司的形象与营商方式，令顾客对产品或服务比较有信心。

特许母公司对特许子公司既有控制力，又尊重对方的自主性，双方通力协作。特许母公司提供给子公司的项目包括商品、服务以及二者的混合，对市场经营者进行经营指导，广告宣传、样品展览和其他促销活动，技术技能，质量的保护和保证，分析店铺位置，金融援助，开发援助，教育训练，对建筑物、设备及店铺的设计指导等。特许子公司因此而获得了孤立的小企业所不能获得的经营、技术、商标和优质产品，解决了中小企业劳动力、资金、销售等方面遇到的困难问题，能有保障地获取一定的利润。从中小企业的角度看，选择母公司应考虑以下条件：充分尊重中小企业的自主性，避免单方面的控制和系列支配；能提供有特点的商品服务，有希望增加销售额；周到的经营指导；必要的资金援助和租赁土地、建筑物、设备等；积极谋求思想上的沟通；在同一地区内，避免无序竞争。

（二）战略优势

特许经营战略可以为旅游中小企业带来以下战略优势：

第一，可以给予员工更为细致和全面的职业培训。

第二，加盟者在运营加盟店时受惠于品牌本身已有的名誉和在大众心中的形象。

第三，相比较独自创立新品牌，并为其开发市场，加盟的方式更容易操作，因为产品已拥有顾客群，因此所需投资较小。

第四，各个加盟店之间的互相支持与竞争有助于产品更快地发展。

第五，总店在将盈利用于新产品的研制和开发中保持特许经营产品的不断更新，使其保持竞争力。

（三）战略实施

旅游中小企业特许经营战略实施需要把握以下要点：

第一，工厂与零售商相结合的体系，即工厂对全部零售商实行特许化，如生产企业特许设立的门市部。

第二，工厂和批发商相结合的体系，如企业把商标特许转让给批发商。

第三，服务企业和零售商相结合的体系，指母公司以服务为中心组织特许化，如设有车库的简易旅馆、汽车租赁、食品销售等。

第四，批发商和零售商相结合的体系，即批发商把个人的商标卖给零售商而结成的一种体系，大量采购、大量销售是唯一目标。在这种情况下，零售商得到一定品种和一定地区的包销权，提高了和正规连锁店及百货店竞争的能力。

七、技术创新战略

技术创新是企业创新的核心，没有技术创新，就没有产品更新，企业就难以发展。技术创新战略下，企业技术创新最根本的目标是要提高企业的盈利水平。提高盈利水平绝不仅仅是提高销售额或者产品性能的改进，也不仅仅是新产品或服务的问题，更重要的是要使企业竞争地位发生改观，希望在一种新的、更有利的某一点重新建立竞争优势。要做到这一点，企业决不能仅仅为顾客创造某种价值，还必须有建立长期竞争优势的技术创新战略，否则，技术创新就是战术性的，而不是战略性的。

（一）战略要点

根据彼特的定义，技术创新是生产要素和生产条件的新组合。因而，技术创新的过程也就是生产要素和生产条件实现新组合的过程。旅游中小企业由于内部资源不足，必须从外部获得足够的资源，并将其有机地组合。一般而言，旅游中小企业的创新过程可分为研究开发、生产制造和市场实现三个阶段。其中每个阶段都有其基本任务或者核心行为。企业在研究开发阶段的重点是技术开发，基本任务是根据本企业的技术经济条件和经营需要，抓住市场机会和技术机会，探索应用的可能性，并将可能性变为现实性，研制出可供利用的新产品和新工艺。企业在生产阶段的任务是把上一阶段的成果转化为现实生产力、生产出新的产品，并解决大量的生产组织管理和技术工艺问题。企业在市场实现阶段的任务是探索创新成果的市场化问题，检验技术的完善程度，并反馈到以上诸阶段不断改善。在每个具体的创新过程中，各个阶段都需要大量资源，需要将各种生产要素进行组合。不论是新工艺还是新产品，都是多种技术的组合，而且还要结合其他要素，如信息和人才。对创新过程的各个阶段来说，如果这一阶段创新活动所需的要素参差不齐，或不能有效地进行组合，这一阶段的目标就不能实现，就会影响到下一阶段创新活动的开展。因此，掌握创新各阶段对不同要素的不同需求，有利于合理利用要素资源，使宝贵的资源得到充分利用，提高要素的使用效率。

（二）战略优势

技术创新战略可以为旅游中小企业带来以下竞争优势：

第一，以群体性的技术开发为基础，动员上至管理者、下至第一线的生产工人都来参加技术开发活动。企业规模越大，分工越细，技术开发体现的专业性越强。企业规模越小，分工越粗，技术开发体现的群体性越弱。

第二，以经营者本人的技术开发为核心。

第三，以开发实用化技术为重点。实用化技术以投资较少、见效快为特点，适合旅游中小企业的特点，能够加速资金周转，促进社会分工广泛发展。

第四，以“短平快”技术开发为突破口，开发周期短、成功率高、见效快的项目。

（三）战略实施

旅游中小企业技术创新应当在三个方面下工夫。首先，旅游中小企业经营管理者，尤其是掌舵人，必须高度重视技术创新，充分认识“不创新，就灭亡”的竞争法则，加大技术创新力度，在人力、精力、财力、物力诸方面舍得投资，敢冒风险，重用人才。其次，集中力量抓科技成果转化。要花大力气、下硬功夫引进、吸收、推广应用科研院校开发的新产品、新技术，购买专利技术，善于借别人脑袋发财，迅速、快捷地把别人的科研成果转化为企业经济效益，转化为现实生产力，以成果转化促技术创新，以技术创新促企业发展。最后，坚持全面创新。任何技术都有一个试验、转化、成长、成熟、衰退、淘汰的过程，创新不可能一劳永逸，创新要持续不断。技术创新必须永远面向用户、面向市场，把用户高兴不高兴、满不满意作为不断技术创新的出发点和落脚点，把市场需求变化作为技术开发的定盘星，经营管理的指南针。

八、低成本战略

低成本战略要求企业积极地建立起达到有效规模的生产能力，在经验基础上全力以赴降低成本，搞好成本及管理费用的控制，最大限度地减少研发费用和品牌树立等方面的费用。

（一）战略要点

成本领先战略一般必然地要求一个企业就是成本领先者，而不只是争夺这个位置的若干厂商中的一员。许多厂商未能认识到这一点，从而在战略上铸成大错。当渴望成为成本领先者的厂商不止一家时，他们之间的竞争通常是很激烈的，因为每一个百分点的市场占有率都被认为是至关重要的。除非一个企业能够在成本上领先，并“说服”其他厂商放弃其战略。除非重大的技术变革使一个企业得以彻底改变其成本地位，否则小成本领先就是特别依赖于先发制人策略的一种战略。成本领先战略的成功取决于企业日复一日地实际实施该战略的技能。成本不会自动下降，也不会偶然下降，它是艰苦工作和持之以恒的重视成本工作的结果。企业降低成本的能力有所不同，甚至当企业具有相似的规模、相似的累计产量或由相似的政策指导时也是如此。要改善相对成本地位，与其说需要在战略上做出重大转变，还不如说需要管理人员加以更多的重视。

（二）战略优势

尽管一个成本领先的企业是依赖其成本上的领先地位来取得竞争优势的，而它要成为经济效益高于平均水平的超群者，则必须与其竞争厂商进行对比，在产品别具一格的基础上取得的价值相等或价值近似的有利地位。产品别具一格基础上的价值相等使成本领先的企业得以将其成本优势直接转化为高于竞争厂商的利润；产品别具一格基础上的价值近似意味着为取得令人满意的市场占有率所必需的降低幅度还不至于冲销成本领先企业的成本优势，因此，成本领先企业能赚取高于平均水平的收益。

（三）战略实施

成本领先战略在不同的企业和同一企业的不同发展阶段，所追求和所能达到的目标是不同的，其目标是多层次的。企业应当根据自身的具体情况整体筹划、循序渐进，最终实现最高目标。

1. 成本领先战略的最低要求是降低成本

以最低的成本实现特定的经济目标是每个企业都应当追求的，当影响利润变化的其他因素不变时，降低成本始终是第一位的。成本是经济活动的制约因素，降低成本意味着对企业中每一个人都有成本约束，而摆脱或减轻约束是人的本性所在。因此，实施成本控制、加强成本管理，在企业中是一个永恒的话题。在既定的经济规模、技术条件和质量标准条件下，不断地挖掘内部潜力，通过降低消耗、提高劳动生产率、合理地组织管理等措施降低成本，是成本领先战略的基本前提和最低要求。

2. 成本领先战略的高级形式是改变成本发生的基础条件

成本发生的基础条件是企业可利用的经济资源的性质及其相互之间的联系方式，包括劳动资料的技术性能、劳动对象的质量标准、劳动者的素质和技能、企业的管理制度和企业文化、企业外部协作关系等各个方面。在特定的条件下，生产单位产品的劳动消耗和物料消耗有一个最低标准，当实际消耗等于或接近这个标准时，再要降低成本只有改变成本发生的基础条件。具体来说，可通过采用新设备、新工艺、新设计、新材料等，使影响成本的结构性因素得到改善，为成本的进一步降低提供新的平台，使原来难以降低的成本在新的平台上进一步降低，这是降低成本的高级形式。这一点在一些对安全和质量要求高的产品上，显得尤为重要和困难。如航空产品的制造和维修，降低成本的困难在于承担技术革新的风险；又如建筑行业，由于终身追究质量责任，过剩设计的现象已是不争的事实，而设计的浪费恰恰是最大的浪费。

3. 成本领先战略的最低目标是增加企业利润

在其他条件不变时，降低成本可以增加利润，这是降低成本的直接目的。在经济资源相对短缺时，降低单位产品消耗，以相同的资源可以生产更多的产品、可以实现更多的经济利益，从而使企业获得更多的利润。但成本的变动往往与各方面的因素相关联，若成本降低导致质量下降、价格降低、销量减少，则反而会减少企业的利润。因而成本管理不能仅仅着眼于成本本身，要利用成本、质量、价格、销量等因素之间的相互关系，以合适的成本来维系质量、维持或提高价格、扩大市场份额等，使企业能够最大限度地获得利润。同时成本还具有代偿性特征，在不同的成本要素之间，一种成本的降低可能导致另一种成本的增加；在成本与收入之间，降低成本可能导致收入下降，通过高成本维持高质量可提高收入，也有可能获得高利润。

4. 成本领先战略的最终目标是使企业保持竞争优势

企业要在市场竞争中保持竞争优势，在采取诸多的战略措施和战略组合中，成本领先战略是其中的重要组成部分，同时其余各项战略措施通常都需要成本管理予以配合。战略的选择与实施是企业的根本利益所在，降低成本必须以不损害企业基本战略的选择和实施为前提，并要有利于企业管理措施的实施。成本管理要围绕企业为取得和保持竞争优势所选择的战略而进行，要适应企业实施各种战略对成本及成本管理的需要，在企业战略许可的范围内，在实施企业战略的过程中引导企业走向成本最低化，这是成本领先战略的最终目标，也是成本领先战略的最高境界。

九、跟随战略

跟随战略指旅游中小企业进入大企业正在服务的市场，提供与大企业相同的产品来蚕食既有的市场。旅游中小企业将现有企业已经建立的市场作为目标市场，降低了由于需求不确定而带来的风险；同时可以节省大量的诸如市场调研、产品研发和创新费用、广告和促销等市场开拓成本；有机会向先入者学习经验，减少或避免犯错误的可能。跟随战略的这些优势，为旅游中小企业低成本进入市场、低价格销售产品创造了可能与条件。当旅游中小企业采用跟随战略时，如果大企业选择用价格战或者高密度的促销来打击旅游中小企业，将会使大企业现有的利润大幅度下降，价格具有很强的刚性，一旦降下来很难再恢复以前的水平。正是因为迫使旅游中小企业退出的成本太高，大企业往往会容忍旅游中小企业的进入。

采用跟随战略的旅游中小企业应该关注两种风险：一种是成长风险，采用这种战略的旅游中小企业成长是有限的，一旦增长的份额超出大企业的容忍程度，必将遭受到致命的打击。避免这类风险的最好办法是及时调整自我的竞争战略。另一种是共享风险，这种风险是由于众多的旅游中小企业同时或先后采用了跟随战略而导致的，如果出现这样的状况，一方面会提高旅游中小企业相互之间的竞争成本，另一方面更容易引发大企业的洗牌行动。

十、模仿战略

模仿战略指旅游中小企业进入大企业正在服务的市场，提供与大企业有差异的、可相互替代的、而非全然不同的产品。同跟随战略一致，采用模仿战略的旅游中小企业享有后发优势，可以减少企业进入成熟市场的前期市场开拓费用和降低需求不确定带来的风险，使低价格进入市场成为可能。因为面对的是同样的目标群体，大企业不可能单纯地采用价格战阻止旅游中小企业的进入，只能是重新配置现有产品或引入同旅游中小企业一样的新产品。因为产品之间的可替代性，无论哪一种方式都将导致大企业现有产品销售的分流，同时企业整体利润率也会下降。基于上述分析，旅游中小企业采用模仿战略进入市场是可行的。

采用模仿战略的旅游中小企业对产品的要求较高，提供的产品必须同时具有差异性和可替代性。足够的差异性可以吸引目标消费者转换消费，可替代性可阻止现有市场的主要竞争者采取严厉的打击行为。同跟随战略一样，这种战略也具有成长风险和共享风险。

本章小结

战略管理在企业经营管理中起到提纲挈领的作用，企业缺少良好的战略管理犹如在大雾弥漫的大海中没有指南针一样致命。当前社会经济环境之下，高新科技迅速发展，经济多元化、细分化，全球范围内竞争愈演愈烈，金融危机风险潜伏，新崛起产业层出不穷。旅游中小企业面临的经营环境纷繁复杂，尤其需要把握好方向，做好战略管理。在旅游中小企业发展的过程中，企业战略管理逐渐受到了越来越多人的重视，在这种条件下，企业更应实施适合自己的企业战略管理，提高企业运行效率，降低企业运行成本，加强风险控制，提高企业竞争力，让企业在波谲云诡的经济大潮中得心应手，游刃有余。本章首先介绍了战略管理的概念、作用、内容与历史演进，接着分析了旅游中小企业经营管理的总体战略与十种专项战略，然后利用迈克尔·波特的五力模型重点分析旅游中小企业的竞争环境，并分析低成本战略、差异化战略、集聚战略的实用性，最后结合我国旅游中小企业经营管理实际，分析了十种常用战略的优势与实施要点。

本章的主要知识点：战略管理、总体战略、专项战略、竞争战略、低成本战略、差异化战略、集聚战略、战略实务。

复习与思考

1. 简述企业战略的概念与重要性。
2. 简述旅游中小企业总体经管理战略。
3. 简述旅游中小企业的专项战略。
4. 简述旅游中小企业竞争环境分析。
5. 简述成本战略、差异化战略、集聚战略的适应性。
6. 简述我国旅游中小企业常用的管理战略。

第五章　旅游中小企业市场细分与市场定位

学习目标

通过本章的学习，学生应掌握旅游市场细分的概念、作用、方法与步骤；掌握目标市场选择的概念、依据与策略；掌握目标市场定位的概念、步骤与主要方式；理解旅游市场细分、目标市场选择与目标市场定位之间的内在关联；能够结合旅游中小企业实际，灵活地进行旅游市场细分、目标市场选择与目标市场定位。

第一节　旅游中小企业旅游市场细分

一、市场细分的概念

（一）市场细分概念

市场细分（Market Segmentation）就是指企业按照某种标准将市场上的顾客划分成若干个顾客群，每一个顾客群构成一个子市场，不同子市场之间，需求存在着明显的差别。市场细分也是企业根据消费者需求的不同，依据消费者的需要和欲望、购买行为和购买习惯等方面的差异，把某一产品的市场整体划分成不同的消费者群的市场分类过程。市场细分之后所形成的具有相同需求的顾客群体称为细分市场。每个细分市场都是由一组具有相同或类似的需求与欲望、购买行为和购买特征的消费者组成的群体。市场细分是市场营销策略的基础，只有进行市场细分并选定目标市场，才能设计出合理的产品、服务、价格、促销和分销系统“组合”，才能满足细分市场目标顾客的需求。

市场细分的概念是由美国市场学家温德尔·史密斯（Wendell R. Smith）于 1956 年提出来的。按照消费者欲望与需求，可以把因规模过大导致企业难以服务的总体市场划分成若干具有共同特征的子市场，处于同一细分市场的消费群被称为目标消费群，相对于大众市场而言这些目标子市场的消费群就是分众了。市场细分是第二次世界大战结束后，美国众多产品市场由卖方市场转化为买方市场这一新的市场形式下企业营销思想和营销战略的新发展，更是企业贯彻以消费者为中心的现代市场营销观念的必然产物。

（二）市场细分的基础

1. 顾客需求的差异性

顾客需求的差异性是指不同的顾客之间的需求是不一样的。在市场上，消费者总是希望根据自己的独特需求去购买产品，根据消费者需求的差异性可以把需求分为同质性需求和异质性需求两大类。同质性需求是指由于消费者需求的差异性很小，甚至可以忽略不计，因此没有必要进行市场细分。而异质性需求是指由于消费者所处的地理位置、社会环境不同、自身的心理和购买动机不同，造成他们对产品的价格、质量、款式上的需求的差异性。异质性需求就是市场细分的基础。

2. 顾客需求的相似性

在同一地理条件、社会环境和文化背景下的人们形成有相对趋同的人生观、价值观亚文化群，他们需求特点和消费习惯大致相同。正是因为消费需求在某些方面的相对同质，市场上绝对差异的消费者才能按一定标准聚合成不同的群体。所以消费者需求的绝对差异造成了市场细分的必要性，消费需求的相对同质性则是使市场细分有了实现的可能性。

3. 企业资源的有限性

现代企业由于受到自身实力的限制，不可能向市场提供能够满足一切需求的产品和服务。为了有效地进行竞争，企业必须进行市场细分，选择最有利可图的目标细分市场，集中企业的资源，制定有效的竞争策略，以取得和增加竞争优势。

（三）市场细分的种类

1. 地理细分

地理细分是按地理特征细分市场，细分因素包括地形、气候、交通、城乡、行政区等。

2. 人口细分

人口细分是按人口特征细分市场，细分因素包括年龄、性别、家庭人口、收入、教育程度、社会阶层、宗教信仰或种族等。

3. 心理细分

心理细分是按客户个性或生活方式等变量对市场进行细分。

4. 行为细分

行为细分是按消费者行为特征细分市场。

5. 社会文化细分

社会文化细分是按社会文化特征细分市场，如以民族和宗教为主对市场进行细分。

6. 使用者行为细分

使用者行为细分是按个人特征细分市场，细分因素包括职业、文化、家庭、个性等。

二、市场细分的作用

细分市场不是根据产品品种、产品系列来进行的，而是从消费者的角度来划分的，是根据市场细分的理论基础，即消费者的需求、动机、购买行为的多元性和差异性来划分的。通过市场细分对企业的生产、营销起着极其重要的作用。

（一）有利于制定针对性的市场营销策略

市场细分后的子市场比较具体，有利于企业更加容易地了解消费者的需求，企业可以根据自己经营思想、方针及生产技术和营销力量，确定自己的服务对象，即目标市场。针对较小的目标市场，企业可以制定特殊的营销策略。同时，在细分的市场上，信息容易被了解和反馈，一旦消费者的需求发生变化，企业可迅速改变营销策略，制定相应的对策，以适应市场需求的变化，提高企业的应变能力和竞争力。

（二）有利于发掘市场机会

通过市场细分，企业可以对每一个细分市场的购买潜力、满足程度、竞争情况等进行分析对比，探索出有利于本企业的市场机会，使企业及时做出投产、移地销售决策或根据本企业的生产技术条件编制新产品开拓计划，进行必要的产品技术储备，掌握产品更新换代的主动权，开拓新市场，以更好适应市场的需要。

（三）有利于集中企业资源，占领目标市场

任何一个企业的人力、物力、资金等资源都是有限的。通过细分市场，选择了适合自己的目标市场，企业可以集中人、财、物及其他资源，去争取局部市场上的优势，然后去占领目标市场。

（四）有利于提高企业经济效益

前面三个方面的作用都能使企业提高经济效益。除此之外，企业在市场细分后，可以面对自己的目标市场生产出适销对路的产品，既能满足市场需要，又可增加企业的收入。产品适销对路还可以加速商品流转，加大生产批量，降低企业的生产销售成本，提高生产工人的劳动熟练程度，提高产品质量，全面提高企业的经济效益。

三、市场细分的理论依据

（一）细分原则

旅游中小企业进行市场细分的目的是通过对顾客需求差异予以定位，来取得较大的经济效益。众所周知，产品的差异化必然导致生产成本和推销费用的相应增长，所以，企业必须在市场细分所得收益与市场细分所增成本之间进行权衡。有效的细分市场必须具备以下特征。

1. 可衡量性

可衡量性是指各个细分市场的购买力和规模能被衡量的程度，如果细分变数很难衡量，

就无法界定市场。

2. 效益性

市场开发的效益性是指企业新选定的细分市场容量足以使企业获利。

3. 可进入性

可进入性是指所选定的细分市场必须与企业自身状况相匹配，企业有优势占领这一市场。可进入性具体表现为信息进入、产品进入和竞争进入。考虑市场的可进入性，实际上是研究其营销活动的可行性。

4. 可区分性

可区分性是指细分市场在观念上能被区别并对不同的营销组合因素和方案有不同的反应。

（二）市场细分的依据

旅游中小企业通常是组合运用有关变量来细分市场，而不是单一采用某一变量。概括起来，细分消费者市场的变量主要有地理变量、人口变量、心理变量、行为变量四大类。以这些变量为依据来细分市场就产生了地理细分、人口细分、心理细分和行为细分四种市场细分的基本形式。

1. 按地理变量细分市场

按地理变量细分市场即按照消费者所处的地理位置、自然环境来细分市场。例如，根据国家、地区、城市规模、气候、人口密度、地形地貌等方面的差异将整体市场分为不同的小市场。地理变量之所以可作为市场细分的依据，是因为处在不同地理环境下的消费者对于同一类产品往往有不同的需求与偏好，他们对企业采取的营销策略与措施会有不同的反应。

2. 按人口变量细分市场

按人口变量细分市场即按人口统计变量，如年龄、性别、家庭规模、家庭生命周期、收入、职业、教育程度、宗教、种族、国籍等为基础细分市场。

性别：由于生理上的差别，男性与女性在产品需求与偏好上有很大不同，如在旅游、娱乐、购物、美食等方面均有差别。

年龄：不同年龄的消费者有不同的需求特点。例如，不同年龄阶段人群对旅游住宿要求差异明显，年轻人更喜欢经济实惠、干净卫生的青年旅馆，中年人更倾向于有文化底蕴、特色突出的主题酒店，老年人可能更喜欢安全舒适、养生养老的度假酒店。

收入：低收入和高收入消费者在产品选择、休闲时间的安排、社会交际与交往等方面都会有所不同。

职业与教育：消费者职业的不同、所受教育程度的不同也会导致所需产品的不同。例如，在旅游购物的选择上，教师可能更喜欢有文化特色的旅游纪念品，企业家可能更喜欢贵金属、玉石等投资收藏物品，而家庭主妇可能更喜欢购买家庭实用物品。

家庭生命周期：一个家庭，按年龄、婚姻和子女状况，可分为单身、新婚、满巢、空巢和孤独五个阶段。在不同阶段，家庭购买力、家庭成员对商品的兴趣与偏好也会有很大的差别。

3. 按心理变量细分市场

按心理变量细分市场，即根据购买者所处的社会阶层、生活方式、个性特点等心理因素细分市场。

社会阶层：社会阶层指在某一社会中具有相对同质性和持久性的群体。处于同一阶层的成员具有类似的价值观、兴趣爱好和行为方式，而不同阶层的成员对所需的产品也各不相同。例如，原来流行一种“小资”阶层的提法，是指那部分有一定的受教育水平、收入较高、追求浪漫生活品质的群体。识别不同社会阶层消费者所具有的不同特点，对于很多产品的市场细分将提供重要依据。

生活方式：人们追求的生活方式的不同也会影响他们对产品的选择。例如，有的人追求新潮时髦，有的人追求恬静、简朴，有的人追求刺激、冒险，有的人追求稳定、安逸。西方的一些服装生产企业为“简朴的妇女”“时髦的妇女”和“有男子气的妇女”分别设计不同服装；烟草公司针对“挑战型吸烟者”“随和型吸烟者”及“谨慎型吸烟者”推出不同品牌的香烟，均是依据生活方式对市场进行细分。

个性：个性指一个人比较稳定的心理倾向与心理特征，它会导致一个人对其所处环境做出相对一致和持续不断的反应。一般地，个性会通过自信、自主、支配、顺从、保守、适应等性格特征表现出来。因此，个性可以按这些性格特征进行分类，从而为企业细分市场提供依据。在西方国家，对诸如化妆品、香烟、啤酒、保险之类的产品，一些企业以个性特征为基础进行市场细分并取得了成功。

4. 按行为变量细分市场

按行为变量细分市场，即根据购买者对产品的了解程度、态度、使用情况及反应等将他们划分成不同的群体。很多人认为，行为变量能更直接地反映消费者的需求差异，因而成为市场细分的最佳起点。

时机：时机即消费者购买和使用产品的时机，包括结婚、离婚、购房、搬家、拆迁、入学、升学、退休、出差、旅游、节假日等。时机细分有助于提高品牌使用率，提高营销的针对性。如旅行社可以为“十一”黄金周提供专门的旅游服务，文具企业可以为新学期开学提供学习用品。

利益：利益细分是以消费者从品牌产品中追求的不同利益为依据对市场进行细分的一种分类方法。运用利益细分法时，还必须确定人们在产品种类中寻求的主要利益，有谁在寻求这些利益，这些利益对他们的重要程度如何，哪些品牌可以提供这些利益，哪些利益还没有得到满足，进而进行有针对性的品牌营销策划。

使用者状况：许多品牌可以按使用状况将消费者分为曾经使用者、未曾使用者、潜在使用者、初次使用者、偶尔使用者和经常使用者等类型，针对不同使用群体应采用不同的营销策略和方法。市场占有率高的品牌特别重视将潜在使用者转变为实际使用者，如领导型品牌。一些小企业则只能以经常使用者为服务对象。

品牌忠诚度：消费者的忠诚是企业最宝贵的财富。美国商业研究报告指出：多次光顾的顾客比初次登门者，可为企业多带来 20%～85%的利润；固定客户数目每增长 5%，企业的利润则增加 25%。根据消费者的品牌忠诚度，可以将消费者分为四种类型：专一忠诚者、潜在忠诚者、迟钝忠诚者和缺乏忠诚者。

使用率：可以根据品牌的轻度、中度和重度等使用者情况来细分市场。品牌重度使用者一般在市场上所占比例不大，但他们的消费量在全部消费量中所占的比例却相当高。营销广告界的巴莱多定律表明：20%的品牌重度使用者的消费量却占该品牌消费量的 80%。以啤酒为例，有人曾做过调查，啤酒消费者中，大量消费者与小量消费者各占一半，其中大量消费者的消费量占总销量的 88%，而小量消费者的消费量只占总销量的 12%。又据调查，啤酒的大量消费者多为劳动阶层，年龄在 25 ~ 50 岁；而年龄在 25 岁以下和 50 岁以上的人群为小量消费者。这种细分有助于企业做出相应的对策。

态度：消费者对品牌的态度大体可以分为五种，即热爱、肯定、冷淡、拒绝和敌意。态度是人们生活方式的一种体现，态度决定成败，也决定着品牌定位。企业可以通过调查、分析，针对不同态度的顾客采取不同的营销对策。例如，对抱有拒绝和敌意态度者，就不必浪费时间去改变他们的态度，对冷淡者则应设法争取他们。

四、市场细分的步骤

（一）选定产品市场范围

旅游中小企业应明确自己在某行业中的产品市场范围，并以此作为制定市场开拓战略的依据。

（二）列举潜在顾客的需求

可从地理、人口、心理等方面列出影响产品市场需求和顾客购买行为的各项变量。

（三）分析潜在顾客的不同需求

旅游中小企业应对不同的潜在顾客进行抽样调查，并对所列出的需求变量进行评价，了解顾客的共同需求。

（四）制定相应的营销策略

调查、分析、评估各细分市场，最终确定可进入的细分市场，并制定相应的营销策略。

第二节　旅游中小企业目标市场选择

一、目标市场选择的概念

目标市场就是通过市场细分后，旅游中小企业准备以相应的产品和服务满足其需要的一个或几个子市场。所谓目标市场选择，就是指企业在市场细分之后的若干“子市场”中，所运用的企业营销活动之“矢”而瞄准的市场方向之“的”的优选过程。著名的市场营销学者麦卡锡提出了应当把消费者看作一个特定的群体，称为目标市场。通过市场细分，有利于明确目标市场，通过市场营销策略的应用，有利于满足目标市场的需要。

目标市场选择需要估计每个细分市场的吸引力程度，并选择进入一个或多个细分市场。旅游中小企业选择的目标市场应是那些企业能在其中创造最大顾客价值并能保持一段时间的细分市场。资源有限的企业或许决定只服务于一个或几个特殊的细分市场。目标市场选择就是在市场细分的基础上，旅游中小企业根据自身优势，从细分市场中选择一个或者若干个子市场作为自己的目标市场，并针对目标市场的特点展开营销活动，以期在满足顾客需求的同时，实现企业经营目标。

二、目标市场选择的依据

（一）有一定的规模和发展潜力

旅游中小企业进入某一市场是期望能够有利可图，如果市场规模狭小或者趋于萎缩状态，企业进入后难以获得发展，此时，应审慎考虑，不宜轻易进入。当然，旅游中小企业也不宜以市场吸引力作为唯一取舍标准，特别是应力求避免"多数谬误"，即与竞争企业遵循同一思维逻辑，将规模最大、吸引力最大的市场作为目标市场。大家共同争夺同一个顾客群的结果是造成过度竞争和社会资源的无端浪费，同时使消费者的一些本应得到满足的需求遭受冷落和忽视。现在国内很多企业动辄将城市尤其是大中城市作为其首选市场，而对小城镇和农村市场不屑一顾，很可能就步入误区，如果转换一下思维角度，一些目前经营尚不理想的企业说不定会出现"柳暗花明"的局面。

（二）细分市场结构的吸引力

细分市场可能具备理想的规模和发展特征，然而从赢利的观点来看，它未必有吸引力。波特认为有五种力量决定整个市场或其中任何一个细分市场的长期的内在吸引力，这五种力量均会对细分市场形成威胁。

1. 细分市场内激烈竞争的威胁

如果某细分市场已经有了众多的、强大的或者竞争意识强烈的竞争者，那么该细分市场的吸引力相对较小。例如，某细分市场处于稳定期或者衰退期，现有企业生产能力不断扩大，且固定成本投资较高，撤出市场的壁垒过高，新企业进入该细分市场将会面临价格战、广告争夺战、新产品开发战等激烈的市场竞争，企业外部竞争压力很大，因而该细分市场吸引力有限。反之，如果某细分市场竞争者较少，或者现有竞争者的竞争意识较弱，那么新进入企业面临外部竞争压力相对较小，该细分市场的吸引力就相对较大。

2. 新竞争者的威胁

如果某个细分市场可能会增加新的生产能力和大量资源并争夺市场份额的新的竞争者，那么该细分市场吸引力将会下降。问题的关键是新的竞争者能否轻易地进入这个细分市场。如果新的竞争者进入这个细分市场时遇到森严的壁垒，并且遭受到细分市场内原来公司的强烈报复，他们便很难进入。保护细分市场的壁垒越低，原来占领细分市场的公司的报复心理越弱，这个细分市场就越缺乏吸引力。某个细分市场的吸引力随其进退的难易程度而有所区别。根据行业利润的观点，最有吸引力的细分市场应该是进入壁垒高、退出壁垒低的市场。在这样的细分市场里，新的企业很难打入，但经营不善的企业可以安然撤退。如果细分市场进入和退出的壁垒都高，那里的利润潜量就大，但也往往伴随较大的风险，因为经营不善的企业难以撤退，必须坚持到底。如果细分市场进入和退出的壁垒都较低，企业便可以进退自如，然而获得的报酬虽然稳定，但不高。最坏的情况是进入细分市场的壁垒较低，而退出的壁垒却很高，这种情况下，在经济良好时，大家蜂拥而入，但在经济萧条时，却很难退出，其结果是大家都生产能力过剩，收入下降。

3. 替代产品的威胁

如果某个细分市场存在着替代产品或者有潜在替代产品，那么该细分市场就会失去吸引力。替代产品会限制细分市场内价格和利润的增长。企业应密切注意替代产品的价格趋向。如果在这些替代产品行业中技术有所发展，或者竞争日趋激烈，这个细分市场的价格和利润就可能会下降。

4. 购买者议价能力的威胁

如果某个细分市场中购买者的讨价还价能力很强或正在加强，该细分市场就没有吸引力。购买者便会设法压低价格，对产品质量和服务提出更高的要求，并且使竞争者互相斗争，从而使得销售商的利润受到损失。如果购买者比较集中或者有组织，或者该产品在购买者的成本中占较大比重，或者产品无法实行差别化，或者顾客的转换成本较低，或者由于购买者的利益较低而对价格敏感，或者顾客能够向后实行联合，购买者的讨价还价能力就会加强。销售商为了保护自己，可选择议价能力最弱或者转换销售能力最弱的购买者。较好的防卫方法是向市场供应顾客无法拒绝的优质产品。

5. 供应商议价能力的威胁

如果企业的供应商能够提价或者降低产品和服务的质量，或减少供应数量，那么就会降低该企业所在的细分市场的吸引力。如果供应商集中或有组织，或者替代产品少，或者供应的产品是重要的投入要素，或转换成本高，或者供应商可以向前实行联合，那么供应商的讨价还价能力就会较强大。因此，与供应商建立良好关系和开拓多种供应渠道才是防御上策。

（三）符合企业目标和能力

某些细分市场虽然有较大吸引力，但不能推动企业实现发展目标，甚至分散企业的精力，使之无法完成其主要目标，这样的市场应考虑放弃。另外，还应考虑旅游中小企业的资源条件是否适合在某一细分市场经营。只有选择那些旅游中小企业有条件进入、能充分发挥其资源优势的市场作为目标市场，企业才会立于不败之地。

三、目标市场选择策略

（一）策略类型

1. 无差异性目标市场策略

该策略是把整个市场作为一个大目标开展营销，强调消费者的共同需要，忽视其差异性。

采用这一策略的企业，一般都是实力强大采用大规模生产方式，又有广泛而可靠的分销渠道，以及统一的广告宣传方式和内容。

2. 差异性目标市场策略

该策略通常是把整体市场划分为若干细分市场，然后将不同的细分市场作为目标市场。旅游中小企业针对不同目标市场的特点，分别确定不同的营销计划，按计划生产目标市场所需要的产品，满足不同消费者的需要。

3. 集中性目标市场策略

该策略是旅游中小企业选择一个或几个细分化的专门市场作为营销目标，集中企业的优势力量，对某细分市场采取攻势营销战略，以取得市场上的优势地位。一般说来，实力有限的旅游中小企业多采用集中性目标市场策略。

（二）影响因素

旅游中小企业在进行目标市场策略决策时要具体分析产品和市场状况和企业本身的特点。影响企业目标市场策略的因素主要有企业资源、产品同质性、市场特点、产品所处的生命周期阶段以及竞争对手等。

（三）目标市场选择方法

1. 产品—市场集中化

这是目标市场选择中最简单的方式，即旅游中小企业选择一个细分市场集中营销。企业通过集中化营销，更能了解本细分市场的需要，与目标顾客群持续发展稳固的、有利可图的客户关系，因此有可能在该细分市场建立巩固的市场地位。然而，密集市场营销比一般情况风险更大。个别细分市场可能出现不景气的情况，如某个强有力的竞争者决定进入同一个细分市场。由于这些原因，许多企业宁愿在若干个细分市场分散营销。

2. 产品专业化

这种方法即旅游中小企业集中生产一类产品，并向各类顾客销售这类产品。例如，生产苗族银饰的旅游企业向各个地区、各种职业、各个年龄层的游客推销苗族银饰，企业向不同的顾客群体销售不同种类的苗族银饰，而不去生产可能需要的其他旅游商品。旅游中小企业通过这种方法，可以在某个产品方面树立起很高的声誉。

3. 市场专业化

这种方法即专门为满足某个顾客群体的各种需要而服务。例如，旅游企业为北京游客提供所需要的苗族银饰、蜡染、刺绣、服饰等各种类型的旅游纪念品；旅游企业专门为这个顾客群体服务，因而容易获得良好的声誉，并成为这个顾客群体所需各种新产品的销售代理商。但是，这种方法也存在一定风险，“把鸡蛋放到同一个篮子里”，一旦这部分市场需求下降或兴趣转移，便会对企业经营带来严重损失。

4. 选择性专业化

这种方法即选择若干个细分市场，其中每个细分市场在客观上都有吸引力，并且符合旅游中小企业的目标和资源，且在各细分市场都有可能盈利。多细分市场目标优于单细分市场目标，这样就可以分散企业的风险，即使某个细分市场失去吸引力，旅游中小企业仍可继续在其他细分市场获取利润。

5. 完全涵盖

这种方法即企业在某一领域用各种产品满足各种顾客群体的需求。一般情况下只有大企业才能采用这种方法，对于广大旅游中小企业而言这种方法的使用机会较少。

第三节　旅游中小企业目标市场定位

一、目标市场定位的概念及作用

（一）目标市场定位的概念

市场定位是由美国营销学家艾·里斯和杰克特劳特在 1972 年提出的。市场定位是指为使产品在目标消费者心中相对于竞争产品而言占据清晰、特别和理想的位置而进行的安排。因此，企业产品在消费者心中的位置必须使他们的产品有别于竞争品牌，并取得在目标市场中的最大战略优势。

目标市场定位是指根据竞争者现有产品在市场上所处的位置，针对消费者或用户对该种产品的某种特征、属性和核心利益的重视程度，塑造出此企业产品与众不同的、给人印象深刻、鲜明的个性或形象，并通过一套特定的市场营销组合把这种形象迅速、准确而又生动地传递给顾客，影响顾客对该产品的总体感觉。

（二）目标市场定位的作用

目标市场定位是市场营销工作者用以在目标市场（此处目标市场指该市场上的客户和潜在客户）的心中塑造产品、品牌或组织的形象或个性（Identity）的营销技术。旅游中小企业根据竞争者现有产品在市场上所处的位置，针对消费者或用户对该产品某种特征或属性的重视程度，塑造出此企业产品与众不同的、给人印象深刻、鲜明的个性或形象，并把这种形象生动地传递给顾客，从而使该产品在市场上确定适当的位置。简而言之，目标市场定位就是在目标客户心中树立产品独特的形象。

市场定位并不是对一件产品本身做些什么，而是在潜在消费者的心中做些什么。市场定位的实质是使此企业与其他企业严格区分开来，使顾客明显感觉和认识到这种差别，从而在顾客心中占有特殊的位置。市场定位的目的是使企业的产品和形象在目标顾客的心理上占据一个独特、有价值的位置。

二、目标市场定位的步骤

市场定位的关键是企业要设法在自己的产品上找出比竞争者更具有竞争优势的特性。竞争优势一般有两种基本类型：一是价格竞争优势，就是在同样的条件下比竞争者定出更低的价格。这就要求企业采取一切努力来降低单位成本。二是偏好竞争优势，即能提供确定的特色来满足顾客的特定偏好。这就要求企业采取一切努力在产品特色上下工夫。因此，旅游中小企业市场定位的全过程可以通过以下三大步骤来完成。

（一）识别潜在竞争优势

这一步骤的中心任务是要回答以下三个问题：竞争对手产品定位如何？目标市场上顾客欲望满足程度如何以及确实还需要什么？针对竞争者的市场定位和潜在顾客的真正需要的利益要求企业应该及能够做什么？要回答这三个问题，旅游中小企业市场营销人员必须通过一切调研手段，系统地设计、搜索、分析并报告有关上述问题的资料和研究结果。通过回答上述三个问题，旅游中小企业就可以从中把握和确定自己的潜在竞争优势在哪里。

（二）核心竞争优势定位

竞争优势表明企业能够胜过竞争对手的能力。这种能力既可以是现有的，也可以是潜在的。选择竞争优势实际上就是一个企业与竞争者各方面实力相比较的过程。比较的指标应是一个完整的体系，只有这样才能准确地选择相对竞争优势。通常的方法是分析、比较企业与竞争者在经营管理、技术开发、采购、生产、市场营销、财务和产品等方面究竟哪些是强项，哪些是弱项。借此选出最适合本企业的优势项目，以初步确定旅游中小企业在目标市场上所处的位置。

（三）战略制定

这一步骤的主要任务是旅游中小企业要通过一系列的宣传促销活动，将其独特的竞争优势准确传播给潜在顾客，并在顾客心中留下深刻印象。

首先，应使目标顾客了解、知道、熟悉、认同、喜欢和偏爱旅游中小企业的市场定位，在顾客心中建立与该定位相一致的形象。

其次，旅游中小企业通过各种努力强化目标顾客形象，保持目标顾客的了解，稳定目标顾客的态度和加深目标顾客的感情来巩固与市场相一致的形象。

最后，企业应注意目标顾客对其市场定位理解出现的偏差或由于企业市场定位宣传上的失误而造成的目标顾客模糊、混乱和误会，及时纠正与市场定位不一致的形象。旅游中小企业的产品在市场上定位即使很恰当，但在下列情况下，还应考虑重新定位：竞争者推出的新产品定位于此企业产品附近，侵占了此企业产品的部分市场，使此企业产品的市场占有率下降；消费者的需求或偏好发生了变化，使此企业产品销售量骤减。重新定位是指企业为已在某市场销售的产品重新确定某种形象，以改变消费者原有的认识，争取有利的市场地位的活动。

三、目标市场定位的方式

（一）目标市场定位的原则

各个企业经营的产品不同，面对的顾客也不同，所处的竞争环境也不同，因而市场定位所依据的原则也不同。总的来讲，市场定位所依据的原则有以下四点：

1. 根据具体的产品特点定位

构成产品内在特色的许多因素都可以作为市场定位所依据的原则，如所含成分、材料、质量、价格等。例如，“七喜”汽水的定位是“非可乐”，强调它是不含咖啡因的饮料，与可乐类饮料不同。

2. 根据特定的使用场合及用途定位

为老产品找到一种新用途，是为该产品创造新的市场定位的好方法。我国曾有一家生产“曲奇饼干”的厂家最初将其产品定位为家庭休闲食品，后来又发现不少顾客购买该产品是为了馈赠，之后，该厂家又将其产品定位为礼品。

3. 根据顾客得到的利益定位

产品提供给顾客的利益是顾客最能切实体验到的，也可以用作定位的依据。例如，美国人米勒（Miller）1975 年推出了一种低热量的“Lite”牌啤酒，将其定位为喝了不会发胖的啤酒，迎合了那些经常饮用啤酒而又担心发胖的人的需要。

4. 根据使用者类型定位

企业常常试图将其产品指向某一类特定的使用者，以便根据这些顾客的看法塑造恰当的形象。

事实上，许多企业进行市场定位依据的原则往往不止一个，而是多个原则同时使用。因为要体现企业及其产品的形象，市场定位必须是多视角、多维度的。

（二）目标市场定位的方式选择

1. 避强定位

这种方式是企业避免与强有力的竞争对手发生直接竞争，而将自己的产品定位于另一市场的区域内，使自己的产品在某些特征或属性方面与强势对手有明显的区别。这种方式可使自己迅速在市场上站稳脚跟，并在消费者心中树立起一定形象。由于这种做法风险较小，成功率较高，常为多数旅游中小企业所采用。

2. 迎头定位

这种方式是企业根据自身的实力，为占据较佳的市场位置，不惜与市场上占支配地位、实力最强或较强的竞争对手发生正面竞争，从而使自己的产品进入与对手相同的市场位置。由于竞争对手强大，这一竞争过程往往相当引人注目，企业及其产品能较快地为消费者所了解，达到树立市场形象的目的。这种策略可能引发激烈的市场竞争，具有较大的风险。因此，企业必须知己知彼，了解市场容量，正确判定凭自己的资源和能力是不是能比竞争者做得更好，或者能不能平分秋色。对于广大旅游中小企业而言，这种方式适用性较差。

3. 重新定位

这种方式是企业对销路少、市场反应差的产品进行的二次定位。初次定位后，如果由于顾客的需求偏好发生转移，市场对此企业产品的需求减少，或者由于新的竞争者进入市场，选择与此企业相近的市场位置，这时，企业就需要对其产品进行重新定位。一般来说，重新定位是旅游中小企业摆脱经营困境、寻求新的活力的有效途径。此外，旅游中小企业如果发现新的产品市场范围，也可以进行重新定位。

本章小结

在当今市场经济条件下，企业资源的有限性以及消费需求的多样性使得绝大多数企业都不可能获得所在行业的整个市场，或者说不能以同一种方式吸引住所有的购买者。因此，每个企业都必须找准市场定位，找到最适合自己企业的目标市场。对于广大旅游中小企业而言，介于自身资源的有限性以及当前旅游需求的多样化、个性化，市场细分、目标市场选择和定位显得尤为重要。本章首先介绍了旅游市场细分的概念、作用、方法与步骤，然后阐述了目标市场选择的概念、依据与策略，最后提出了目标市场定位的概念、步骤与主要方式。旅游中小企业只有进行深入的市场调查，寻找市场机会，细分市场，选定目标市场，最终占领目标市场，才能在激烈的市场竞争中赢得生存与发展。

本章的主要知识点：市场细分、目标市场选择、目标市场定位。

复习与思考

1. 简述旅游市场细分的概念和作用。
2. 简述旅游中小企业旅游市场细分策略。
3. 简述目标市场选择的概念与内涵。
4. 简述旅游中小企业目标市场选择策略。
5. 简述目标市场定位的概念与内涵。
6. 简述旅游中小企业目标市场定位策略。
7. 简述市场细分、目标市场选择与目标市场定位之间的逻辑关联。

第六章　旅游中小企业市场营销策略

学习目标

市场营销是现代企业经营管理的核心环节。通过本章的学习，学生应掌握市场营销的概念与内涵，了解市场营销理念的发展；重点掌握市场营销4P组合，理解并且能够灵活运用产品策略、价格策略、促销策略与渠道策略；了解我国旅游中小企业市场营销现状，当前面临的主要难题以及解决对策；了解当前网络时代背景下“互联网+”营销理念，掌握旅游中小企业“互联网+”营销策略。

第一节　旅游市场营销概述

一、旅游市场营销的概念

（一）市场营销

市场营销（Marketing），又称市场学、市场行销或行销学，是在创造、沟通、传播和交换产品的过程中，为顾客、客户、合作伙伴以及整个社会带来经济价值的活动、过程和体系，主要是指营销人员针对市场开展经营活动、销售行为的过程。

美国市场营销协会（American Marketing Association，AMA）对市场营销下的定义是：市场营销是在创造、沟通、传播和交换产品中，为顾客、客户、合作伙伴以及整个社会带来价值的一系列活动、过程和体系。

菲利普·科特勒对市场营销下的定义强调了营销的价值导向：市场营销是个人和集体通过创造产品和价值，并同别人自由交换产品和价值，来获得其所需所欲之物的一种社会和管理过程。

格隆罗斯对市场营销下的定义强调了营销的目的：所谓市场营销，就是在变化的市场环境中，旨在满足消费需要、实现企业目标的商务活动过程，包括市场调研、选择目标市场、产品开发、产品促销等一系列与市场有关的企业业务经营活动。

学者江亘松将“Marketing”做了如下定义：就字面上来说，“营销”的英文是“Marketing”，若把Marketing这个字拆成Market（市场）与ing（英文的现在进行式表示方法）这两个部分，那营销可以用“市场的现在进行式”来表示。

此外，对市场营销还有以下一些常见表述和理解：市场营销是一个过程，在这个过程中一个组织对市场进行生产性和营利性活动；市场营销是创造和满足顾客的艺术；市场营销是在适当的时间、适当的地方以适当的价格、适当的信息沟通和促销手段，向适当的消费者提供市场的产品和服务；市场营销是以满足人类各种需要和欲望为目的，通过市场变潜在交换为现实交换的活动。

（二）旅游市场营销

旅游市场营销是指根据旅游目标市场需求，设计使顾客满意的产品，制定顾客认可的价格，通过广告、人员推销、严格控制产品质量等手段以树立企业良好形象和扩大企业市场占有率的一系列经营活动。

旅游市场营销是指通过分析、计划、执行、反馈和控制这样一个过程来以旅游消费需求为导向，协调各种旅游经济活动，从而实现提供有效产品和服务，使游客满意、使企业获利的经济和社会目标。旅游市场营销的主体很广，包括所有旅游企业及宏观管理的旅游局，如旅游景区、景点、旅行社、宾馆、酒店以及旅游交通部门等。

旅游市场营销的最终目标是增加旅游市场销售额，拓展新的市场，发展新的游客，培养和强化游客的忠诚度，增加及扩大旅游产品的价值，提高公众的兴趣，争取旅行社及其他中间商的支持，创建良好的旅游形象。

二、我国旅游市场营销观念的发展

（一）生产观念导向阶段

生产观念是一种重生产、轻营销的指导思想，其典型表现就是“我们生产什么，就卖什么”。该阶段是我国旅游市场刚开始发展时所处的营销阶段，具体时间在改革开放初期左右。众多的海外游客涌入，使得我国的旅游市场发展有了新的动力，进而有了很大变化。改革开放以前，所有的旅游服务商考虑的都是怎么生产特定的旅游产品，而后很好地卖出去。但改革开放以后，情况变了，能生产什么旅游产品，如何将其推向市场并被消费者接受成了问题。该阶段的发展对于我国旅游市场的营销发展来说具有重要意义。

（二）产品观念导向阶段

产品观念认为，消费者喜欢高质量、多功能和具有某些特色的产品，因此企业管理的中心是致力于生产优质产品，并不断精益求精。20 世纪 80 年代到 90 年代初，这一观念在我国旅游企业较为流行。当时旅游企业倡导提供最好的产品和服务来努力迎合市场的需求和游客的口味，尤其是“消费者就是上帝”口号的提出，使得我国旅游市场对于顾客的重视程度达到了前所未有的高度。但该阶段过于重视迎合、讨好消费者，但是缺乏足够的特色，导致市场的同质化非常严重。消费者也逐步出现了“审美疲劳”而不再喜欢这类模式。

（三）推销观念导向阶段

推销观念认为，消费者通常存在购买惰性或抗衡心理，若顺其自然，消费者可能不会自觉购买，因此企业管理的中心任务是对产品进行积极推销和大力促销，诱导消费者购买产品。

该观念的具体表现是“我卖什么，就设法让人们买什么”。20 世纪末到 21 世纪初，推销观念成为我国旅游企业的经营理念。在该阶段旅游企业逐渐认识到，除了要迎合市场以外，还必须要主动地将自己的产品推出去，才可以使消费者了解自己的产品，进而提升消费者转化率。这一时期，不仅旅游市场如此，我国的众多行业都处于努力推销的阶段，如保险业、服务业等都是如此。推销观念的出现使得我国旅游市场的个性化越来越高，产品的针对性也越来越强。

（四）市场营销观念导向阶段

市场营销观念是以消费者需要和欲望为导向的经营哲学，是消费者主权论的体现。该观念认为，实现企业诸目标的关键在于正确确定目标市场的需要和欲望，一切以消费者为中心，并且比竞争对手更有效、更有利地传送目标市场所期望满足的东西。随着卖方市场向买方市场推进，我国的旅游市场营销模式又发生了新的转变，市场营销观念出现的具体时间大致在 21 世纪的前十年。该阶段用户的需求成为各大旅游服务商重视的对象，他们积极探索市场和用户需求，进而研发好的产品提供个性化服务。

（五）社会营销观念阶段

社会营销观念是以社会长远利益为中心的市场营销观念，是对市场营销观念的补充和修正。社会营销观念强调生态环境保护，追求消费者满意和社会公众的长期福利。2010 年至今，我国旅游企业逐渐开始推崇社会营销观念。社会营销观念不仅关注用户的需求，对于环境保护、经济发展、人与自然和谐等社会因素的关注程度也非常高；同时，各类的机构和组织纷纷出台了大量的相关标准。

第二节　旅游中小企业市场营销策略

旅游中小企业市场营销策略要以顾客旅游需要为出发点，有计划地组织各项经营活动，有针对性地采取产品策略、价格策略、渠道策略和促销策略，为顾客提供满意的商品和服务，最终实现企业的经营目标。

一、市场营销策略理论

（一）4P 组合理论

4P 组合理论中的“4P”包括产品（Product）、价格（Price）、促销（Promotion）和渠道（Place）。4P 组合理论实际上是从管理决策的角度来研究市场营销问题。从管理决策的角度看，影响企业市场营销活动的各种因素（变量）可以分为两大类：一是企业不可控因素，即营销者本身不可控制的市场营销环境，包括微观环境和宏观环境；二是可控因素，即营销者自己可以控制的产品、商标、品牌、价格、广告、渠道等，而 4P 组合就是对各种可控因素的归纳。

产品策略（Product Strategy），主要是指企业以向目标市场提供各种适合消费者需求的有形和无形产品的方式来实现其营销目标，其中包括对同产品有关的品种、规格、式样、质量、包装、特色、商标、品牌以及各种服务措施等可控因素的组合和运用。

定价策略（Pricing Strategy），主要是指企业以按照市场规律制定价格和变动价格等方式来实现其营销目标，其中包括对同定价有关的基本价格、折扣价格、津贴、付款期限、商业信用以及各种定价方法和定价技巧等可控因素的组合和运用。

分销策略（Placing Strategy），主要是指企业以合理地选择分销渠道和组织商品实体流通的方式来实现其营销目标，其中包括对同分销有关的渠道覆盖面、商品流转环节、中间商、网点设置以及储存运输等可控因素的组合和运用。

促销策略（Promoting Strategy），主要是指企业以利用各种信息传播手段刺激消费者的购买欲望、促进产品销售的方式来实现其营销目标，其中包括对同促销有关的广告、人员推销、营业推广，公共关系等可控因素的组合和运用。

（二）4C 组合理论

4C 组合理论中的"4C"包括顾客（Customer）、成本（Cost）、沟通（Communication）、便利（Convenience）。在以消费者为核心的商业社会中，生产企业面临巨大挑战，消费者需求的个性化、差异化、多元化，使得传统的 4P 营销组合似乎无法满足企业经营管理的需求，于是营销学者提出了新的营销理论。劳特朗 1990 年在《广告时代》一书中对应传统的 4P 营销组合提出了 4C 营销理论。4C 组合理论强调，企业首先应该把追求顾客满意放在第一位，产品必须满足顾客需求，同时降低顾客的购买成本，在产品和服务的研发时就要充分考虑客户的购买力；其次要充分注意到顾客购买过程中的便利性；最后还应以消费者为中心实施有效的营销沟通。4C 组合理论主要包括以下内容：

消费者的需要与欲望（Customer's needs and wants）；

消费者获取满足的成本（Cost and Value to satisfy consumer's needs and wants）；

用户购买的方便性（Convenience to buy）；

与用户沟通（Communication with consumer）。

不同于 4P 组合理论，4C 组合理论更多的是站在消费者角度思考问题。不只是销售制造的产品，更要将满足消费者需求的产品售出；不只是依竞争者或者自我的盈利策略定价，而是要通过一系列测试手段了解消费者为满足需求愿意付出的成本；不要以自身为出发点，想着网点怎么布置，采用什么样的渠道策略，而是要关注消费者购买产品的便利性；不是想着如何通过媒体传播来提升销量，而是要和消费者互动沟通。

（三）4R 组合理论

4R 组合理论是由美国学者唐·舒尔茨在 4C 组合理论的基础上提出的新营销理论。"4R"分别指代关联（Relevance）、反应（Reaction）、关系（Relationship）和回报（Reward）。该营销理论认为，随着市场的发展，企业需要从更高层次上以更有效的方式在企业与顾客之间建立起有别于传统的新型的主动性关系。

（四）4P、4C、4R 营销理论间的关联

有学者认为，在新时期的营销活动中应当用 4C 组合来取代 4P 组合，但更多学者认为 4C

组合只是进一步明确了企业营销策略思想,从操作层面上仍然需要4P组合为代表的营销活动;4C组合只是深化了4P组合,而不是取代了4P组合;4P组合仍然是目前为止对营销策略组合最为简洁明了的诠释。其实,4P组合与4C组合是互补而非替代的关系。例如,Customer是指用“客户”取代“产品”,要先研究顾客的需求与欲望,然后再去设计、生产和销售顾客确定想要买的服务产品;Cost是指用“成本”取代“价格”,了解顾客要满足其需要与欲求所愿意付出的成本,再去确定定价策略;Convenience是指用“便利”取代“地点”,意味着制定分销策略时要尽可能让顾客方便;Communication是指用“沟通”取代“促销”,“沟通”是双向的,“促销”无论是推动策略还是拉动战略,都是线性传播方式。而4R组合则是在4C组合的理论基础之上提出的针对消费者更行之有效的新营销理论。

二、旅游中小企业产品策略

(一)产品策略概述

产品策略在市场营销中处于基础性地位,其他策略(价格策略、渠道策略、促销策略)要产生效果必须以产品策略为基础。所谓产品策略,即指企业制定经营战略时,首先要明确企业能提供什么样的产品和服务去满足消费者的要求,也就是要解决产品策略问题。产品策略是市场营销组合策略的基础,从一定意义上讲,旅游中小企业发展成功与否的关键在于产品满足消费者需求程度的大小以及产品策略正确与否。

旅游中小企业在其产品营销战略确定后,在实施中所采取的一系列有关产品本身的具体营销策略,主要包括商标、品牌、包装、产品定位、产品组合、产品生命周期等方面的具体实施策略。企业的产品策略是其市场营销组合策略中的重要组成部分。产品策略是企业为了在激烈的市场竞争中获得优势,在生产、销售产品时所运用的一系列措施和手段,包括产品定位策略、产品组合策略、产品差异化策略、新产品开发策略、品牌策略以及产品的生命周期运用策略等。

(二)产品层次

产品策略主要是为目标市场开发合适的产品或产品组合。产品是可以满足人们某种需求的东西,它不仅包含有形的实体,还包括一些无形的蕴含在产品中的其他因素。从很大程度上说,重要的不是基本的核心产品,而是围绕着核心产品的满意度的组合。现代市场营销理论认为产品的整体包括核心产品、有形产品和附加产品。核心产品是顾客购买产品时真正追求的利益;外观、包装等则是核心产品得以实现的有形部分(有形产品);附加产品则指购买和使用产品能够带来的地位感等附加价值。一个好的产品是核心产品、有形产品和附加产品的完美组合和统一。

(三)品牌商标策略

1. 品牌商标概述

品牌商标是代表产品一定质量的标志,一般用图形、文字、符号注明在产品、产品包装及各种形式的宣传品上面。在我国,人们习惯上对一切品牌不论其注册与否,统称为商标,而另有“注册商标”与“非注册商标”之别。但作为商标，其实是有严格界定的。商标是一个专门的法律术语。当品牌在政府有关部门依法注册并取得专用权后，称为商标。为此，商标不同于一般的营销术语，是企业产品名称的法律界定。商标必须经过国家权威机构，依法定程序审核通过后才能获取。商标是国家依法授予企业，并受到法律保护的一项重要的知识产权。

按品牌商标的构成，可将商标分为四种基本形式：① 文字商标，直接用文字构成的商标；② 图形商标，仅由图形构成的商标；③ 符号商标，由各种符号构成的商标；④ 组合商标，由文字、图形、符号相互结合而构成的商标。当前，组合商标形式使用越来越多，旅游企业也应该用组合商标构建自己的品牌商标。

2. 品牌商标的作用

（1）品牌商标对消费者具有以下作用：品牌商标的市场旗帜作用；品牌商标是质量和信誉的保证；品牌商标的文化导向作用。

（2）品牌商标对生产者具有以下作用：商标是法律术语，产品商标受法律保护；品牌商标是企业有力的竞争手段；品牌商标是企业重要的无形资产；品牌商标具有超值的创利能力。

3. 品牌商标的设计要求

旅游中小企业营销必须明确对品牌商标设计的基本要求，这些要求包括标记性、适应性、文化性和艺术性。

4. 品牌商标策略

（1）品牌商标有无策略。

品牌商标有无策略就是决定是否使用品牌商标。一般有两种选择，即品牌商标化策略和无品牌商标策略。在市场经济条件下，一般产品都应使用商标，以利于增强产品的竞争力，培养商标的忠诚度和树立企业形象。但是，为节省品牌商标的设计、广告和包装费用，降低产品的营销成本和销售价格，有时也可不用品牌商标。

（2）品牌商标归属策略。

旅游中小企业在品牌商标归属使用上可以选择以下策略：使用制造商的商标、使用中间商的商标、使用混合商标。

（3）品牌商标统分策略。

旅游中小企业如何运用自己的商标，需要决策产品是统一使用一种品牌商标？还是按品种、类别分别使用不同商标？其主要策略有四种：统一品牌商标、个别品牌商标、分类品牌商标、统一品牌商标加个别品牌商标。

（4）品牌商标延伸策略。

品牌商标延伸策略就是利用成功的品牌商标声誉和潜在价值来推出新的产品系列。

（四）产品组合策略

1. 产品组合的概念

企业营销要设计一个优化的产品组合方案，首先要明确产品组合及其相关概念。产品组合是指一个企业生产经营的所有产品线和产品品种的组合方式，即全部产品的结构，产品组合通常由若干条产品线组成。产品线也称产品系列或产品大类，是指在功能上、结构上密切相关，能满足同类需求的一组产品，每条产品线内包涵若干个产品项目。产品项目是指产品线中各种不同品种、规格、型号、质量和价格的特定产品，产品项目是构成产品线的基本元素。

2. 产品组合的广度、深度和关联性

（1）产品组合的广度是指一个企业生产经营的产品系列的多少，即拥有产品线的多少。产品线多，则产品组合广度宽，反之则窄。

（2）产品组合的深度是指企业的每条生产线中产品项目的多少。产品项目多，则产品组合深度长，反之则短。

（3）产品组合的关联性是指企业各条产品线在最终使用、生产条件、分销渠道或其他方面的相关程度。

3. 优化产品组合的分析

优化产品组合的过程通常是分析、评价并调整现行产品组合的过程。优化产品组合也包括两个重要步骤。

（1）分析、评估现行产品线上不同产品项目所提供的销售额和销售利润水平，即产品线销售额和利润分析。

（2）分析产品线上的各产品项目与竞争者同类产品的对比状况，即产品线市场轮廓分析，目的是全面衡量各产品项目与竞争产品的市场地位。

4. 产品组合策略

产品组合策略，是指企业根据市场需求和自身能力条件，确定生产经营规模和范围的决策。可供选择的产品组合策略一般有三种：

（1）扩大产品组合策略。扩大产品组合策略包括拓展产品组合的广度和加强产品组合的深度。

（2）缩减产品组合策略。缩短产品组合策略即在原产品组合中缩短产品线和减少产品项目，减少经营范围。

（3）产品线延伸策略。产品线延伸策略是指部分或全部地改变企业原有产品线的市场定位。每一个企业生产经营的产品都有其特定的市场定位。产品线延伸策略可以分为向下延伸、向上延伸和双向延伸三种类型。

（五）产品生命周期理论及其发展策略

1. 产品生命周期理论

产品生命周期指某种产品从进入市场到被市场淘汰退出市场所经历的全部过程。产品经过研究开发、试销；然后进入市场，产品进入市场标志着产品生命周期的开始；产品退出市场标志着其生命周期的结束。

2. 产品生命周期的划分

典型的产品生命周期一般分为四个阶段：引入期、成长期、成熟期和衰退期。引入期（也称介绍期）是指市场上推出新产品，顾客对产品还不太了解，产品销售呈缓慢增长状态的阶段；成长期是该产品在市场上迅速为消费者所接受，成本开始大幅度下降，销售额迅速上升，利润较大幅度地增长的阶段；成熟期是指大多数购买者已经接受该产品市场销售额缓慢增长或下降的阶段；衰退期是销售额下降趋势明显增强，而利润趋于零的阶段。

3. 产品生命周期理论的作用

产品生命周期理论具有以下作用：

（1）是企业生产经营决策的基础，是企业制定营销策略的重要依据；

（2）是科学预测的依据；

（3）是进行产品评价的依据；

（4）是制定合销策略的依据。

4. 引入期的市场特点与营销策略

（1）引入期的市场特点。

引入期的市场具有以下特点：

① 大部分顾客对该产品缺乏了解，顾客原先的消费偏好不易改变，产品销售量较小，单位产品成本高；

② 产品技术不完善，产品性能、质量不稳定，生产批量较小；

③ 销售增长率缓慢，利润较少，甚至出现亏损，企业风险大；

④ 成本高，广告宣传费用及营销管理费用较大；

⑤ 理想的销售渠道和分配模式尚未建立健全，产品成本与价格的关系未理顺；

⑥ 生产该产品的企业较少，甚至独家生产，竞争不激烈等。

（2）引入期的市场营销策略。

在产品的引入期，一般可以由产品、分销、价格、促销四个基本要素组合成各种不同的市场营销策略。仅将价格高低与促销费用高低结合起来考虑，有下面四种策略：

① 快速撇脂策略，即以高价格、高促销费用推出新产品。实行高价策略可在每单位销售额中获取最大利润，尽快收回投资；高促销费用能够快速建立知名度，占领市场。实施这一策略须具备以下条件：产品有较大的需求潜力；目标顾客求新心理强，急于购买新产品；企业面临潜在竞争者的威胁，需要及早树立品牌形象。一般而言，在产品引入阶段，只要新产品比替代的产品有明显的优势，市场对其价格就不会那么计较。

② 缓慢撇脂策略，即以高价格、低促销费用推出新产品，目的是以尽可能低的费用开支求得更多的利润。实施这一策略的条件是：市场规模较小，产品已有一定的知名度，目标顾客愿意支付高价，潜在竞争的威胁不大。

③ 快速渗透策略，即以低价格、高促销费用推出新产品，目的在于先发制人，以最快的速度打入市场，取得尽可能大的市场占有率；然后再随着销量和产量的扩大，使单位成本降低，取得规模效益。实施这一策略的条件是：该产品市场容量相当大；潜在消费者对产品不了解，且对价格十分敏感；潜在竞争较为激烈；产品的单位制造成本可随生产规模和销售量的扩大迅速降低。

④ 缓慢渗透策略，即以低价格、低促销费用推出新产品，低价可扩大销售，低促销费用可降低营销成本，增加利润。这种策略的适用条件是：市场容量很大；市场上该产品的知名度较高；市场对价格十分敏感；存在某些潜在的竞争者，但威胁不大。

5. 成长期的市场特点与营销策略

（1）成长期的市场特点。

成长期的市场具有以下特点：

① 顾客对该产品比较熟悉，销售习惯基本形成，销售量迅速增长；

② 产品基本定型，步入大批量生产阶段，大量的竞争者也开始生产此类产品，竞争比较激烈；

③ 产品成本降低，市场价格趋于下降；

④ 顾客开始重视产品性能、质量、特色与品牌；

⑤ 单位产品促销费用随销售额的迅速增长而相对降低，利润开始较大地提高。

（2）成长期的市场营销策略。

根据成长期的市场特点，企业一般可采取以下营销策略：

① 改善产品品质、增加产品性能，提高产品质量；

② 加强促销，创建名牌，树立良好的形象；

③ 加强市场细分，拓展市场；

④ 重视产品价格、渠道、促销方式的巧妙组合。

6. 成熟期的市场特点与营销策略

（1）成熟期的市场特点。

一般说来，成熟期可分为三个时期，其不同时期的市场特点也不尽相同。

① 成长成熟期。该时期的市场特点主要有：销售渠道处于基本饱和的状态，销售增长率缓慢上升，购买者人数增加缓慢。

② 稳定成熟期。该时期的市场特点主要有：市场趋于饱和状态；消费平稳，产品销售量比较稳定；价格稳定；顾客偏好稳定，顾客人数稳定，新的购买者较少。

③ 衰退成熟期。该时期的市场特点主要有：销售量有较大的减少，利润开始降低；出现大量的替代产品或其他新产品，顾客的购买注意力开始转移；全行业的同类产品出现过剩，价格有较大的下降；各企业的市场份额变化较小，新加入的竞争者较少，竞争格局比较稳定。

（2）成熟期的市场营销策略。

根据成熟期不同阶段的市场特点，企业一般可采取以下营销策略：

① 市场改进策略；

② 产品改进策略；

③ 营销组合改进策略。

7. 衰退期的市场特点与营销策略

（1）衰退期的市场特点。

在衰退期，产品的销售量和利润额都大幅度下降，其主要特点为：

① 产品销售量急剧下降，性能和质量更好的新产品吸引了消费者的注意力；

② 价格降到最低水平，利润迅速下降，已无利可图，甚至出现亏损现象；

③ 大量的竞争者退出市场；

④ 消费趋势发生新的变化，消费习惯与偏好已经转移；

⑤ 留在市场上的企业也开始减少服务，削减营销费用，处于维持经营的状态。

（2）衰退期的市场营销策略。

面对处于衰退期的产品，旅游中小企业要认真分析，对症下药，可采取的策略主要有维持策略、集中策略、收缩策略与放弃策略。

（六）新产品开发策略

1. 新产品的概念

产品整体概念中任何层次的更新和变革，所引起产品材料、质量、性能、品种、特色、结构、服务等某一方面或若干方面的变化，而与原有产品有一定的差异，并为顾客带来新的利益的产品都称为新产品。

2. 新产品类型

从现代市场营销学的角度来看，新产品主要有以下六种类型：全新产品；新产品线；现有产品线的增补产品；现有产品的改进和更新的产品；市场重新定位的产品；成本减少的产品，即以较低的成本提供同样性能的产品。

3. 新产品开发的意义

新产品开发具有以下意义：

（1）新产品开发是提高企业核心竞争力，促进企业可持续发展的需要；

（2）新产品开发是适应消费需求变化的需要；

（3）新产品开发是产品生命周期理论的要求；

（4）新产品开发是科学技术发展的结果；

4. 新产品开发原则

新产品开发应遵循以下原则：

（1）市场需求与经济效益原则；

（2）竞争与技术优势原则；

（3）连续性原则；

（4）时效原则。

5. 新产品开发策略

新产品开发策略主要有五种。

（1）技术引进策略。技术引进策略是通过购买国外专利或设备，或与国外企业进行技术合作，而迅速开发新产品的策略。

（2）独立研究与开发策略。独立研究与开发策略是指企业完全通过自身的实力，研究与开发技术含量高、有一定独创产品的策略。

（3）独立研制与技术引进相结合策略。独立研制与技术引进相结合策略是指企业在新产品开发中，既重视发挥自身优势和技术力量，又重视引进国外的先进技术或设备，促进二者有机结合的策略。

（4）协作开发策略。协作开发策略是指企业与有关的科研机构、高等院校及其他有关单位协同进行产品开发的策略。

（5）改进现有产品的策略。改进现有产品的策略是指通过对现有产品的性能、质量、款式、式样等进行改进投放市场的策略。

6. 新产品开发过程

新产品开发过程一般有新产品构思、筛选、形成产品概念、制定营销战略、商业分析、新产品研制、市场试销、批量上市等阶段。

7. 新产品市场扩散

新产品的市场扩散是指新产品上市后逐渐扩散到潜在市场的过程，也就是新产品上市后随着时间的推移不断地被越来越多的消费者采用的过程。新产品市场扩散是企业非常关注的问题，新产品的市场扩散与新产品的特点、消费者对新产品的认知、消费者的类型以及新产品扩散管理有一定的关系。

（七）品牌策略

现代社会市场营销过程中品牌的力量尤为突出，旅游市场品牌众多，如何让顾客从同类品牌中获得认同，将是旅游中小企业品牌营销的重中之重。当客户对该品牌有了一定的认知，方可从内心接受并认同该品牌，也就是品牌的市场定位。因此在市场营销过程中树立品牌形象，抢抓市场机遇，方能够在激烈市场竞争中占据主导地位。

1. 品牌的概念

品牌（Brand）是用以识别销售者的产品或服务，并使之与竞争对手的产品或服务区别开来的商业名称及其标志，通常由文字、标记、符号、图案和颜色等要素或这些要素的组合构成。在日常生活中品牌随处可见，品牌需要正确定位，才能够为企业带来相关的效益，企业效益也会随之增长，品牌的力量指导着企业发展方向。企业若要长期、健康、稳定发展，就必须树立其品牌形象，明确品牌定位，并独树一帜。从顾客角度出发，品牌即一种提起某种产品就会产生的认知联想，例如，当人们一说经济型酒店就会想到“如家”“7 天”等，产生该联想的原因主要是该产品的品牌力量。品牌力量是实现企业价值的关键，当顾客对某个品牌产生信任，并从内心彻底认可之后，该品牌就会获得客户的良好口碑与产品忠诚，品牌力量能够让旅游中小企业长期、健康、稳定发展。

2. 品牌的作用

对经营者而言，品牌主要有以下作用：有利于促进产品销售，树立企业形象；有利于保护品牌所有者的合法权益；有利于约束企业的不良行为；有利于扩大产品组合；有利于企业实施市场细分战略。

对消费者而言，品牌主要有以下作用：有利于消费者辨认、识别及选购商品；有利于维护消费者利益；有利于促进产品改良，更好地满足消费市场需求。

3. 品牌定位

品牌定位是影响旅游中小企业经营成败的重要因素。旅游企业品牌形象要吸引客户的眼球，展示企业的文化内涵，传递企业的品牌魅力。内涵丰富、简洁顺畅、精准有效的品牌定位是企业品牌扩张的前提条件。

（1）消费的对象。

成功的商品品牌在投放市场之前一般都会有明确的消费人群界定，在界定消费人群时需要考虑以下几点因素。首先，要明确消费商品人群的主要年龄阶段。消费主体是年幼的儿童？老人？青年人？或者是适合任何年龄人群？对目标消费人群年龄的界定是进行准确品牌定位的前提基础。其次，要明确商品消费的使用场景。例如商品主要是自用还是馈赠亲朋，根据不同的消费场景采用不同的品牌定位策略。

（2）独特性。

在定位品牌的时候，应当凸显品牌独有的优势。当宣传品牌时，凸显自身产品优势，尽量让顾客看一眼就被吸引。吸引消费者的注意力，是促成交易的前提，同样是旅游中小企业能够在激烈市场竞争中长远发展的关键。当今社会，产品种类众多，优质的产品繁多，怎样让自家产品在众多同类产品中脱颖而出，成为抓住顾客眼球的品牌，是产品定位的关键。

（3）附加值。

附加值指的是在商品原本功效以外的附加价值。品牌知名度高的旅游商品除了能满足消费者的核心需求之外，还能带给消费者附加利益与额外利益。例如，酒店行业的顶级奢华品牌“里兹卡尔顿酒店”除了具备满足客人需求的住宿、餐饮、康体、娱乐等功能之外，更是由于其顶级的品牌地位带给客人荣耀感及其心理满足。

4. 品牌设计的原则

（1）造型美观，构思新颖。这样的品牌不仅能够给人一种美的享受，而且能使顾客产生信任感。

（2）能表现出企业或产品特色。

（3）简单明显。品牌所使用的文字、图案、符号都不应该冗长、繁复，应力求简洁，给人以集中的印象。

（4）符合传统文化，为公众喜闻乐见。

（5）品牌核心元素主要包括功能性的表现性，与情感上的感召力。

5. 旅游中小企业品牌策略

现代社会，旅游中小企业想要发展壮大，就必须树立品牌形象，并制定与企业特色、文化内涵相适应的销售策略。旅游中小企业为树立品牌形象首先需要打造一个具有市场影响力的销售策略。准确的品牌定位是决定销售策略成功的关键。简言之，销售策略就是为销售商品而制定的方针策略。在制定销售策略的时候，需要先假定销售场景：购买该商品的人群，以及购买商品的状况，即为品牌定位。以人类大脑考虑问题的顺序能够得出：先对商品品牌进行定位，随后制定相应的销售策略，然而制定的销售策略可能会对品牌定位造成一定的影响。换言之，一旦品牌定位不够恰当，随后制定的销售策略，不论怎样完美，都将无法带来相关的销售收益，对企业来说，等同于浪费了过多的资金、人力以及精力。

品牌为旅游中小企业树立形象，精准的品牌定位会增加企业的营销价值。在错综复杂的销售环境中，品牌形象对于产品的销售意义重大。旅游中小企业进行品牌定位的时候，应当以客户的立场考虑问题，着重于让客户在了解品牌的基础上，了解企业文化与内涵，使其对产品产生信任感与依赖感。

二、旅游中小企业价格策略

（一）价格策略概述

1. 价格策略

价格策略是指企业通过对顾客需求的估量和成本分析，选择一种能吸引顾客、实现市场营销组合的策略。价格策略要以科学规律的研究为依据，以实践经验判断为手段，在维护生产者和消费者双方经济利益的前提下，以消费者可以接受的水平为基准，根据市场变化情况，灵活反应。

价格策略要根据购买者各自不同的支付能力和效用情况，结合产品进行定价，从而实现最大利润的定价办法。价格策略是一个比较近代的观念，源于19世纪末大规模零售业的发展。在历史上，多数情况下，价格是买者做出选择的主要决定因素；不过在最近的十年里，在买者选择行为中非价格因素已经相对地变得更重要了。但是，价格仍是决定企业市场份额和盈利率的重要因素之一。在营销组合中，价格是唯一能产生收入的因素，其他因素表现为成本。

2. 定价目标

企业的定价目标是以满足市场需要和实现企业盈利为基础的，它是实现企业经营总目标的保证和手段，同时又是企业确定定价策略和定价方法的依据。不同企业所处的内外部环境、发展目标、经营策略各不相同，定价目标差别也很大。企业常见的定价目标有维持生存、当前利润最大化、应付竞争、争取中间商、市场占有率最大化、产品质量最优化等。

（二）定价方法

定价方法是企业在特定的定价目标指导下，依据对成本、需求及竞争等状况的研究，运用价格决策理论，对产品价格进行计算的具体方法。定价方法主要包括成本导向定价法、竞争导向定价法和顾客导向定价法三种类型。

1. 成本导向定价法

以产品单位成本为基本依据，再加上预期利润来确定价格的成本导向定价法，是旅游中小企业最常用、最基本的定价方法。成本导向定价法又衍生出了总成本加成定价法、目标收益定价法、边际成本定价法、盈亏平衡定价法等几种具体的定价方法。

（1）总成本加成定价法。在这种定价方法下，把所有为生产某种产品而发生的耗费均计入成本的范围，计算单位产品的变动成本，合理分摊相应的固定成本，再按一定的目标利润率来决定价格。

（2）目标收益定价法。目标收益定价法又称投资收益率定价法，是根据企业的投资总额、预期销量和投资回收期等因素来确定价格。

（3）边际成本定价法。边际成本是指每增加或减少单位产品所引起的总成本变化量。由于边际成本与变动成本比较接近，而变动成本的计算更容易一些，所以在定价实务中多用变动成本替代边际成本，而将边际成本定价法称为变动成本定价法。

（4）盈亏平衡定价法。在销量既定的条件下，企业产品的价格必须达到一定的水平才能做到盈亏平衡、收支相抵。既定的销量就称为盈亏平衡点，这种制定价格的方法就称为盈亏平衡定价法。科学地预测销量和已知固定成本、变动成本是使用盈亏平衡定价法的前提。

2. 竞争导向定价法

在竞争十分激烈的市场上，旅游中小企业通过研究竞争对手的生产条件、服务状况、价格水平等因素，依据自身的竞争实力，参考成本和供求状况来确定商品价格。这种定价方法就是通常所说的竞争导向定价法。竞争导向定价主要包括以下三种。

（1）随行就市定价法。在垄断竞争和完全竞争的市场结构条件下，任何一家企业都无法凭借自己的实力而在市场上取得绝对的优势，为了避免竞争特别是价格竞争带来的损失，大多数旅游中小企业都采用随行就市定价法，即将本企业某产品价格保持在市场平均价格水平上，利用这样的价格来获得平均报酬。此外，采用随行就市定价法，企业不必全面了解消费者对不同价差的反应，也不会引起价格波动。

（2）产品差别定价法。产品差别定价法是指企业通过不同营销努力，使同种同质的产品在消费者心中树立起不同的产品形象，进而根据自身特点，选取低于或高于竞争者的价格作为本企业产品价格。因此，产品差别定价法是一种进攻性的定价方法。

（3）密封投标定价法。在国内外，许多大宗商品、原材料、成套设备和建筑工程项目的买卖和承包，以及出售小型企业等，往往采用发包人招标、承包人投标的方式来选择承包者，确定最终承包价格。一般来说，招标方只有一个，处于相对垄断的地位，而投标方有多个，处于相互竞争的地位。标的物的价格由参与投标的各个企业在相互独立的条件下来确定。在买方招标的所有投标者中，报价最低的投标者通常中标，它的报价就是承包价格。这样一种竞争性的定价方法就称密封投标定价法。

3. 顾客导向定价法

现代市场营销观念要求企业的一切生产经营必须以消费者需求为中心，并在产品、价格、分销和促销等方面予以充分体现。根据市场需求状况和消费者对产品的感觉差异来确定价格的方法叫作顾客导向定价法，又称“市场导向定价法”“需求导向定价法”。顾客导向定价法主要包括理解价值定价法、需求差异定价法和逆向定价法。

（1）理解价值定价法。所谓理解价值，是指消费者对某种商品价值的主观评判。理解价值定价法是指旅游中小企业以消费者对商品价值的理解度为定价依据，运用各种营销策略和手段，影响消费者对商品价值的认知，形成对企业有利的价值观念，再根据商品在消费者心中的价值来制定价格。

（2）需求差异定价法。所谓需求差异定价法，是指产品价格的确定以需求为依据，首先强调适应消费者需求的不同特性，而将成本补偿放在次要地位。这种定价方法，对同一商品在同一市场上制定两个或两个以上的价格，或使不同商品价格之间的差额大于其成本之间的差额。这种定价方法的好处是可以使企业定价最大限度地符合市场需求，促进商品销售，有利于企业获取最佳的经济效益。

（3）逆向定价法。这种定价方法主要不是考虑产品成本，而重点考虑需求状况。依据消费者能够接受的最终销售价格，逆向推算出中间商的批发价和生产企业的出厂价格。逆向定价法的特点是：价格能反映市场需求情况，有利于加强与中间商的良好关系，保证中间商的正常利润，使产品迅速向市场渗透，并可根据市场供求情况及时调整，定价比较灵活。

4. 各种定价方法的运用

旅游中小企业可采用的定价方法很多，企业应根据不同经营战略和价格策略、不同市场环境和经济发展状况等，选择不同的定价方法。

（1）从本质上说，成本导向定价法是一种卖方定价导向。它忽视了市场需求、竞争和价格水平的变化，有时候与定价目标脱节。此外，运用这一方法制定的价格均是建立在对销量主观预测的基础上，从而降低了价格制定的科学性。因此，在采用成本导向定价法时，还需要充分考虑需求和竞争状况，来确定最终的市场价格水平。

（2）竞争导向定价法，是以竞争者的价格为导向的。它的特点是：价格与商品成本和需求不发生直接关系；商品成本或市场需求变化了，但竞争者的价格未变，就应维持原价；反之，虽然成本或需求都没有变动，但竞争者的价格变动了，则相应地调整其商品价格。当然，为实现企业的定价目标和总体经营战略目标，谋求企业的生存或发展，企业可以在其他营销手段的配合下，将价格定得高于或低于竞争者的价格，并不一定要求和竞争对手的产品价格完全保持一致。

（3）顾客导向定价法，是以市场需求为导向的定价方法，价格随市场需求的变化而变化，不与成本因素发生直接关系，符合现代市场营销观念要求，企业的一切生产经营以消费者需求为中心。

（三）价格策略

1. 新产品定价策略

（1）撇脂定价法。

新产品上市之初，将价格定得较高，在短期内获取厚利，尽快收回投资，这就像从牛奶中撇取所含的奶油一样，取其精华，这种定价策略称为撇脂定价法，适合需求弹性较小的细分市场。其优点是新产品上市时，顾客对其无理性认识，利用较高价格可以提高身价，适应顾客求新心理，有助于开拓市场；主动性大，产品进入成熟期后，价格可分阶段逐步下降，有利于吸引新的购买者；价格高，限制需求量过于迅速增加，使其与生产能力相适应。这种方法的缺点虽是获利大，但不利于扩大市场，并很快招来竞争者，会迫使价格下降，好景不长。

（2）渗透定价法。

在新产品投放市场时，价格定得尽可能低一些，其目的是获得最高销售量和最大市场占有率。当新产品没有显著特色，竞争激烈，需求弹性较大时宜采用渗透定价法。这种方法的优点是产品能迅速为市场所接受，打开销路，增加产量，使成本随生产发展而下降；低价薄利，使竞争者望而却步、减缓竞争，获得一定市场优势。

对于企业来说，采取撇脂定价还是渗透定价，需要综合考虑市场需求、竞争、供给、市场潜力、价格弹性、产品特性、企业发展战略等因素。

（3）仿制品定价法。

仿制品是旅游中小企业模仿国内外市场上的畅销产品而生产出的新产品。仿制品面临着产品定位问题。就新产品质量和价格而言，有九种可供选择的策略：优质优价、优质中价、优质低价、中质高价、中质中价、中质低价、低质高价、低质中价、低质低价。

2. 心理定价策略

心理定价是旅游中小企业根据消费者的消费心理定价，具体有以下几种。

（1）尾数定价或整数定价。许多商品的价格，宁可定为 0.98 元或 0.99 元，而不定为 1 元，这是适应消费者购买心理的一种取舍。尾数定价使消费者产生一种“价廉”的错觉，将产品价格定为 0.98 元或 0.99 元比定为 1 元反应积极，促进销售。相反，有的商品不定价为 9.8 元，而定为 10 元，同样使消费者产生一种错觉，迎合消费者 “便宜无好货，好货不便宜”的心理。

（2）声望性定价。此种定价法有两个目的：一是提高产品的形象，以价格说明其名贵名优；二是满足购买者的地位欲望，适应购买者的消费心理。

（3）习惯性定价。某种商品，由于同类产品多，在市场上形成了一种习惯价格，个别生产者难于改变。降价易引起消费者对品质的怀疑，涨价则可能受到消费者的抵制。

3. 折扣定价策略

大多数旅游中小企业通常都酌情调整其基本价格，以鼓励顾客及早付清货款、大量购买或增加淡季购买，这种价格调整叫作价格折扣和折让。

（1）现金折扣。现金折扣是对及时付清账款的购买者的一种价格折扣，许多行业习惯采用此法以加速资金周转，减少收账费用和坏账。

（2）数量折扣。数量折扣是旅游中小企业给那些大量购买某种产品的顾客的一种折扣，以鼓励顾客购买更多的货物。大量购买能使企业降低生产、销售等环节的成本费用。

（3）职能折扣。职能折扣也叫贸易折扣，是制造商给予中间商的一种额外折扣，使中间商可以获得低于目录价格的价格。

（4）季节折扣。季节折扣是旅游中小企业鼓励顾客淡季购买的一种减让，使企业的生产和销售一年四季能保持相对稳定。

（5）推广津贴。推广津贴为扩大产品销路，生产企业向中间商提供的促销津贴。例如，零售商为企业产品刊登广告或设立橱窗，生产企业除负担部分广告费外，还在产品价格上给予一定优惠。

4. 差别定价策略

旅游中小企业往往根据不同顾客、不同时间和场所来调整产品价格，实行差别定价，即对同一产品或劳务定出两种或多种价格，但这种差别不反映成本的变化。差别定价主要有以下几种形式：

（1）对不同顾客群定不同的价格；

（2）对不同的花色、品种、式样定不同的价格；

（3）对不同的部位定不同的价格；

（4）对不同的时间定不同的价格。

实行差别定价的前提条件是：市场必须是可细分的且各个细分市场的需求强度是不同的；商品不可能转手倒卖；高价市场上不可能有竞争者削价竞销；不违法；不引起顾客反感。

（四）调价策略

旅游中小企业在产品价格确定后，由于客观环境和市场情况的变化，往往会对价格进行修改和调整。

1. 降价

旅游中小企业在以下情况须考虑降价：

（1）企业生产能力过剩、产量过多，库存积压严重，市场供过于求，企业以降价来刺激市场需求；

（2）面对竞争者的“削价战”，企业不降价将会失去顾客或减少市场份额；

（3）生产成本下降，科技进步，劳动生产率不断提高，生产成本逐步下降，其市场价格也应下降。

2. 提价

提价一般会遭到消费者和经销商反对，但在下列情况下不得不提高价格：

（1）通货膨胀，物价上涨，企业生产成本必然增加，为保证利润，不得不提价；

（2）产品供不应求，一方面买方之间展开激烈竞争，争夺货源，为企业创造有利条件，另一方面也可以抑制需求过快增长，保持供求平衡。

3. 购买者的反应

顾客对降价可能有以下看法：产品样式老了，将被新产品代替；产品有缺点，销售不畅；企业财务困难，难以继续经营；价格还要进一步下跌；产品质量下降了。

顾客对提价可能有以下反应：产品很畅销，不赶快买就买不到了；产品很有价值；卖主想赚取更多利润。

购买者对价值不同的产品价格的反应也有所不同，对于价值高、经常购买的产品的价格变动较为敏感；而对于价值低、不经常购买的产品，即使单位价格高，购买者也不大在意。此外，购买者通常更关心取得、使用和维修产品的总费用，因此卖方可以把产品的价格定得比竞争者高，取得较多利润。

4. 竞争者的反应

竞争者对调价的反应有以下三种类型：

（1）相向式反应。你涨价他也涨价，你降价他也降价。这样一致的行为，对企业影响不太大，不会导致严重后果。企业坚持合理营销策略，不会失掉和减少市场份额。

（2）逆向式反应。你提价，他降价或维持原价不变；你降价，他提价或维持原价不变。这种相互冲突的行为，影响很严重，竞争者的目的也十分清楚，就是乘机争夺市场。对此，企业要进行调查分析，首先摸清竞争者的具体目的，其次要估计竞争者的实力，再次要了解市场的竞争格局。

（3）交叉式反应。众多竞争者对企业调价反应不一，有相向的，有逆向的，有不变的，情况错综复杂。企业在不得不进行价格调整时应注意提高产品质量，加强广告宣传，保持分销渠道畅通等。

5. 企业的反应

在同质产品市场，如果竞争者降价，企业必随之降价，否则企业会失去顾客。某一企业提价，其他企业随之提价（如果提价对整个行业有利），但如有一个企业不提价，最先提价的企业和其他企业将不得不取消提价。在异质产品市场，购买者不仅考虑产品价格高低，而且考虑质量、服务、可靠性等因素，因此购买者对较小价格差额无反应或不敏感，则企业对竞争者价格调整的反应有较多自由。企业在做出反应时，先必须分析：竞争者调价的目的是什么？调价是暂时的，还是长期的？能否持久？企业面临竞争者应权衡得失：是否应做出反应？如何反应？另外还必须分析价格的需求弹性、产品成本和销售量之间的关系等复杂问题。企业要迅速做出反应，最好事先制定反应程序，到时按程序处理，提高反应的灵活性和有效性。

三、旅游中小企业促销策略

（一）旅游促销组合

旅游促销策略是指旅游中小企业有目的、有计划地将人员推销、旅游广告、公共关系、营业推广等促销手段，进行灵活选择、有机组合和综合运用，形成整体的促销攻势。由于各种促销手段都有其不可避免的利弊之处，因此在整个促销过程中，旅游中小企业必须根据自己的营销目标和所处的营销环境，灵活地选择、搭配各种促销手段，制定旅游促销组合策略，以期提高促销的整体效果。

（二）影响旅游促销组合的因素

旅游中小企业在制定旅游促销组合策略时，不仅要考虑各种促销手段的特点，而且要考虑以下影响促销组合的因素。

1. 促销目标

旅游中小企业的促销目标不同，促销组合策略也应不同。例如，某旅游中小企业的促销目标是扩大销售量，获得最大的销售利润，而另一家旅游中小企业的促销目标是树立企业形象，为其旅游产品今后占领市场赢得有利的竞争地位奠定基础。前者在促销组合中将更多地使用广告和销售促进以实现短期效益；而后者在促销组合中将更多地使用营销公关，以实现长期目标。

2. 市场特点

市场特点主要是指旅游目标市场的大小。一般而言，如果目标市场地域范围大，旅游者分散，应多采用旅游广告进行促销；反之，则可以以人员推销为主。市场营销的对象不同，促销组合策略也不同。如果旅游中小企业的销售对象是旅游者，各种促销方式的重要性依次为旅游广告、销售促进、人员推销和营销公关；如果销售的对象是旅游中间商，则各种促销方式的重要性依次为人员推销、销售促进、旅游广告和营销公关。

3. 产品特点

影响促销组合的产品因素包括旅游产品性质和旅游产品生命周期两个方面。

在旅游产品性质方面，不同性质的旅游产品，旅游者购买的需求也不同，因此需要不同的促销组合。一般而言，价格昂贵、购买风险较大的旅游产品，旅游者往往不满足于一般广告所提供的信息，而倾向于理智性购买，希望得到更为直接可靠的信息。对这类旅游产品，人员推销、营销公关往往是重要的促销手段。对于购买频繁、价值不高以及季节性较强的旅游产品，旅游者倾向于品牌偏好，对这类旅游产品，旅游广告往往是重要的手段。另外，一些风俗节日旅游，如我国贵州黔东南州苗族的苗年节、牯脏节等节庆，旅游广告促销的效果十分明显。

在旅游产品生命周期方面，由于旅游产品生命周期不同阶段的促销重点不同，旅游中小企业所选择的促销方式也应有所不同。当旅游产品处于导入期，促销的重点目标是使潜在旅游者认识、了解产品，因此，促销的主要方式应当是各种旅游广告和营销公关。旅游广告宣传有广泛的覆盖面，有可能在短时期内形成较好的品牌效应。通过营销公关也能提高产品的知名度；同时，辅之以销售促进，鼓励旅游者购买新的旅游产品。当旅游产品处于成长期，促销的重点目标是增进旅游者的兴趣与偏爱，以扩大产品销售量。这时，旅游广告和营销公关仍需加强，但旅游广告的侧重点就在于宣传产品的品牌和特色，销售促进可相应减少。当旅游产品处于成熟期，这时竞争者增多，为了扩大产品销售，以便与竞争产品争夺客户，旅游广告宣传仍需加强，但广告侧重点应在于突出本产品区别于竞争产品的优点；同时要增加销售促进，给旅游者以优惠，配合使用人员推销和营销公关，特别是人员推销应大力加强，加大访问客户的频率，维系与旅游中间商的关系等。当旅游产品进入衰退期，市场上已出现优于本产品的竞争产品，这时旅游广告仅仅起提示作用，为巩固原有市场，应采取销售促进为主的促销手段，以吸引偏爱本产品的老顾客继续购买，以便尽可能多地回笼资金，投入新的旅游产品，营销公关则可减少。

4. 旅游者购买准备过程

旅游者的购买准备过程一般分为六个阶段，即知晓、认识、喜欢、偏好、确信和购买。对处于不同阶段的旅游产品，销售促进和营销公关的作用变化不大，而人员推销和旅游广告的作用则变化很大。越是在准备过程的初期，旅游广告的作用越大，人员推销的作用越小；反之，越是在准备过程的后期，旅游广告的作用越小，人员推销的作用越大。旅游中小企业应根据这一特点采用不同的促销组合方式。

5. 促销策略的类型

旅游中小企业促销方式的选择，也取决于其已定的促销策略类型。按照旅游中小企业促销力量作用的方向，可把旅游促销策略从总体上分为“推式”与“拉式”两类。

“推式”策略是一种以旅游中间商为促销目标，以人员推销和销售促进方式，把旅游产品推进销售渠道，最终推向旅游市场的策略。这种策略适用于资金短缺、规模较小的旅游企业销售知名度较低的旅游产品，产品销售地域较集中的旅游产品，处于成熟阶段的旅游产品，购买频率较低及专业性较强的旅游产品等。实行“推式”策略，要求推销队伍力量雄厚、素质较高，能针对不同的旅游产品、不同的旅游中间商采用不同的方式。

“拉式”策略与“推式”策略相反，是以旅游者为主要促销对象，以广告方式为主，设法吸引潜在旅游者对旅游产品产生兴趣和需求，进而对销售渠道施加压力，使旅游中间商感受到该旅游产品现实营销市场的存在，最终促进旅游产品的生产、供给。这种策略运用于潜在旅游者较广泛的旅游产品，也适用于处于导入期的旅游产品。

（三）旅游促销组合策略制定

1. 确认目标受众

目标受众是指接受促销信息的人群。在制定促销组合策略时，首先应该考虑促销组合主要针对的人群，以便选择需要传递的信息，确定信息传递的方式以及传递信息量的大小，保证目标受众能及时、准确地收到信息，做出相应的购买决策。

2. 制定促销目标

促销目标包括通过促销要解决的问题以及预期的旅游者的反应。促销的实质是信息的沟通，但是旅游中小企业和旅游购买者的沟通过程并不总能顺利地进行，如派不懂业务的推销员进行推销会导致沟通的失败。因此必须明确通过促销要解决的关键问题，才能选择合适的促销组合以达到最终的营销目标。促销要解决的问题归纳起来分为认识、感觉和行动三个方面。认识上的问题是指由于顾客对旅游产品不了解或接受了错误的信息而产生误解，使双方信息沟通失败。如对旅游产品的价格、名称等不了解，或者一些负面的报道影响了顾客对旅游产品的正确认识，旅游中小企业应通过合适的促销手段解决这些问题。感觉上的问题是指由于顾客对旅游产品的市场形象、价格等不感兴趣或不喜欢所引起的反感。同样的信息由于接受的人不一样，可能使顾客的判断不同，从而产生不同的感觉；同样的信息也会由于促销的方式不同，使顾客产生不同的感觉。如 400 元的标准间对于商务客人来说很正常，而工薪阶层的客人可能会有价格太高的感觉；旅游中小企业为树立形象而发布一些公益广告，有的顾客认为企业关注公众事业，值得肯定，也可能有的顾客会认为企业是哗众取宠。因此在进行促销时应关注不同客人的感觉，尽量使产品的市场形象、价格等方面的信息客观、真实。行动上的问题是指顾客对旅游产品已经了解，也不反感，但却没有采取任何购买行为。由于造成不购买行为的因素很多，旅游中小企业在解决此类问题时应该首先分析原因，再根据不同的原因采取不同的促销策略。

3. 确定促销预算

要达到最佳的促销目标需要进行促销预算。促销由于方式多、运作复杂，较难做出准确的预算，一般采取量入为出法、竞争对抗法和目标达成法。

（1）量入为出法。量入为出法主要是旅游中小企业根据特定时期内的收入进行促销预算，一般是根据销售额或者利润的百分比来确定。这种方法能够保证促销资金的到位，但是在资金的运用上缺乏针对性，如在资金较少时促销效果不好，资金充裕时会有资源的浪费。

（2）竞争对抗法。竞争对抗法主要是参照竞争者的促销费用来决定自己的促销预算。这种方法运用起来很简单，但是没有考虑本企业的具体情况，具有很大的盲目性，而且也很难判断竞争者的预算是否科学、合理。

（3）目标达成法。目标达成法是根据旅游中小企业具体的促销目标和促销方式确定所需的预算。这种方法效果最好，但是制定难度较大。

4. 选择促销组合

促销的方式很多，旅游中小企业在具体选择促销组合时应对各种促销方式进行分析，选择最有效的促销方式。

（1）旅游广告。

旅游广告是一种高度大众化的信息传播方式。旅游广告的优点是：辐射面广，信息传递速度快；可多次重复宣传，提高产品的知名度；形式多样，艺术表现力强，可树立旅游产品的整体形象。旅游广告的缺点是：信息停留时间短，说服力较弱；传递信息量有限，购买行为具有滞后性；某些广告媒体成本高。因此，旅游广告主要适用于一般消费者。

（2）公共关系。

公共关系的主要目的是和公众达成良好的关系。公共关系的优点是：借助于第三者传递信息，可信度较高，容易赢得公众信任；信息传递方式多样，影响力大，有利于建立旅游企业形象。公共关系的缺点是：着重于与公众建立良好的关系，所以不能直接达到销售效果；活动设计有难度，组织工作量较大。公共关系主要适用于一般公众。

（3）人员推销。

人员推销是最直接的促销方式。人员推销的优点是：能与顾客面对面，有利于沟通；针对性强，可直接促成交易；易培养与顾客的感情，建立长期稳定的联系。人员推销的缺点是：覆盖面小，传播效率低，平均销售成本较高；对推销人员的要求较高，需要经过专业培训。人员推销主要适用于目标市场和旅游中间商。

（4）销售促进。

销售促进是一种短期内刺激销售的促销方式。销售促进的优点是：对顾客的吸引力大，刺激性强，迅速激发顾客需求，能在短期内改变顾客的购买习惯。销售促进的缺点是：注重短期销售利益；使用不当可能导致顾客的不信任。销售促进主要适用于现实及潜在的旅游者。

5. 评估和控制促销活动

促销活动策划经具体实施调整，预设目标是否实现要通过科学、客观的评估予以确定。促销活动策划实施结果评估有以下目的：确定取得的成果、确定取得的进展、避免日后的失误、有利于日后的促销活动策划、积累总结促销实践经验。

促销活动策划实施结果评估的内容包括以下方面：首先，传播媒介报道情况，即与策划实施相关报道出现的频度、占据版面、反映的观点、媒介的态度等；其实，相关言论方面，即有关人士发表的言论和演说的频度、收听对象的构成、言论发表者情况等；再次，受众人数方面，即哪些人、在哪个层面、接受相关信息的频度；第四，社会反应方面，即通过信函、电话、问询等方式收集信息；第五，结果分析方面，即公众对产品、服务、品牌的知晓情况、程度，他们是否仍记得促销活动的内容与问题，产生的消费、预约等；最后，态度分析方面，即目标公众对旅游中小企业实施促销活动策划前后的态度变化。

四、旅游中小企业渠道策略

（一）渠道策略

销售渠道是指商品从生产者传送到用户手中所经过的全过程，以及相应设置的市场销售机构。正确运用销售渠道，可以使旅游中小企业迅速、及时地将产品转移到消费者手中，达到扩大商品销售、加速资金周转、降低流动费用的目的。任何旅游中小企业要把自己的产品顺利地销售出去，就需要正确地选择产品的销售渠道。选择销售渠道的内容有两个方面：一是选择销售渠道的类型，二是选择具体的中间商。

（二）旅游销售渠道的类型

1. 直接式销售渠道和间接式销售渠道

将销售渠道按照商品在交易过程中是否经过中间环节来分类，可以分为直接式销售渠道和间接式销售渠道两种类型。直接式销售渠道是企业采用产销合一的经营方式，即商品从生产领域转移到消费领域时不经过任何中间环节；间接式销售渠道是指商品从生产领域转移到用户手中要经过若干中间商的销售渠道。

采用直接式销售渠道具有销售及时，中间费用少，便于控制价格，能及时了解市场，有利于提供服务等优点；但是此方法使生产者花费较多的投资、场地和人力，所以消费广、市场规模大的商品，不宜采用这种方法。间接式销售渠道由于有中间商加入，企业可以利用中间商的知识、经验和关系，从而可以简化交易，缩短买卖时间，集中人力、财力和物力用于发展生产，以增强商品的销售能力等。

一般来讲，在以下情况下旅游中小企业适合采取直接式销售渠道：

（1）市场集中，销售范围较小。

（2）技术性高或者制造成本和售后差异大的产品，以及易变质或者易破损的商品。

（3）企业自身应该有市场营销技术，管理能力较强，经验丰富，财力雄厚，或者需要高度控制商品的营销情况。

反之，在以下情况下旅游中小企业适合采取间接式销售渠道：

（1）市场分散，销售范围广，如大部分消费品。

（2）非技术性或者制造成本和售价差异小的商品，以及不易变质及非易碎商品等。

（3）企业自身缺乏市场营销的技术和经验，管理能力较差，财力薄弱，对其商品和市场营销的控制要求不高。

2. 长渠道和短渠道

将销售渠道按照其长度来分类，可以分为若干长度不同的形式，商品从生产领域转移到用户的过程中，经过的环节越多，销售渠道就越长；反之就越短。消费品销售渠道有四种基本类型：生产者—消费者、生产者—零售商—消费者、生产者—代理商或者批发商—零售商—消费者、生产者—代理商—批发商—零售商—消费者。

旅游中小企业决定采用间接式销售渠道后，还要对适用渠道的长短做出选择。从节省商品流通费用、加速社会再生产过程的要求出发，应当尽量减少中间环节，选择短渠道。但是也不要认为中间环节越少越好，在多数情况下，批发商的作用是生产者和零售商无法替代的。因此，采用长渠道还是短渠道，必须综合考虑商品的特点、市场的特点、企业本身的条件以及策略实施的效果等。

一般来讲，在以下情况下旅游中小企业适合采取短渠道销售策略：

（1）从产品的特点来看，易腐、易损、价格贵、高度时尚、新潮、售后服务要求高而且技术性强。

（2）零售市场相对集中，需求数量大。

（3）企业的销售能力强，推销人员素质好，资历雄厚，或者增加的收益能够补偿花费的销售费用。

反之，在以下情况下旅游中小企业适合采取长渠道销售策略：

（1）从产品特点来看，非易腐、易损、价格低、选择性不强、技术要求不高。

（2）零售市场较为分散，各市场需求量较小。

（3）企业的销售能力弱，推销人员素质较差，缺乏资金，或者增加的收入不能够补偿多花费的销售费用。

3. 宽渠道和窄渠道策略

销售渠道的宽窄，就是旅游中小企业确定由多少中间商来经营某种商品，即决定销售渠道的每个层次（环节）适用同种类型的中间商的数目是多少。一般情况下，有以下三种具体策略可供选择：

（1）广泛销售策略。

由于企业的商品数量很大而市场面又广，为了能够使商品得到广泛推销，使用户随时都可以买到这种商品，需要采用广泛销售策略。例如，一般日常用品可以采取这种策略。采用这种策略的旅游生产企业需要负担较多的广告费和促销费，以利于调动中间商的积极性。

（2）有选择的销售策略。

旅游中小企业有选择地挑选一部分批发商和零售商来经营自己的产品。采用这种策略，由于中间商数目较少，有利于厂商之间相互紧密协作，同时，也能够使旅游生产企业降低销售费用和提高控制能力，这种策略的适用面较广。例如，选购耐用消费品、新产品试销以及大部分生产资料商品，都应该根据产品和市场的特点，选择较为合适的批发商和零售商。中间商的具体数目，应该根据具体情况而定，一般来讲应该既要使中间商有足够的市场面，又能够保证企业的商品能够及时地销售出去。

（3）独家经营销售策略。

独家经营即旅游中小企业只选择一家中间商，赋予它经销自己商品的权利。在一般情况下，旅游中小企业在特定的市场范围内，不能再通过其他中间商来推销这种商品；而选定的经销商也不能再经营其他同类的产品。生产企业和中间商双方都应该通过签订协议做出明确的规定，这种策略主要适合于某些特殊的消费品、某些高档高价的商品以及具有独特风格的旅游纪念品。采用这种策略，有利于调动中间商更积极地推销商品，同时，旅游中小企业对中间商的售价、宣传推广、信贷和服务等工作可以加强控制，更好地配合协作，从而有助于提高旅游中小企业的声誉和商品的形象，提高经济效益。

（三）旅游中间商选择

旅游中间商是指旅游生产者与用户之间，参与旅游商品交易业务，促进买卖行为发生和实现的具有法人资格的经济组织和个人。按照是否拥有商品的所有权，可以将旅游中间商分为旅游经销商和旅游代理商；按其在流通过程中所起的不同作用，又可以将旅游中间商分为旅游批发商和旅游零售商。

1. 旅游经销商与旅游代理商

旅游经销商是指从事旅游商品交易业务，在旅游商品买卖过程中拥有商品所有权的中间商。

旅游代理商是受旅游生产者委托，从事旅游商品交易业务，但不具有旅游商品所有权的中间商。按旅游代理商与生产公司业务联系的特点，又可以将其再分为企业代理商、销售代理商、寄售商和经纪商。

2. 旅游零售商与旅游批发商

旅游零售商是指向最终消费者提供旅游商品和服务的中间商。旅游零售商是销售系统中数量最多的组织。旅游零售商按经营商品类别不同，由专业商店、百货公司、超级市场、方便商店等组成。从着眼于价格竞争来看，旅游零售商有折扣商店、仓库商店、样本收获商店等。从不设铺面的零售商来看，旅游零售商有邮购和电话订货零售商、自动机售货、流动售货等。从管理系统不同的各种零售组织看，旅游零售商有联营商店、自愿联合商店和零售商合作组织、协同商业百货商店、消费者合作社等。

旅游批发商是介于旅游生产者和旅游零售商之间的中间商。旅游批发商按营销商品种类的多少来分，可以分为一般批发商和专业批发商；按照服务地区分可以分为全国批发商、区域批发商和地方批发商；按是否拥有商品经营权可以分为经销批发商和代理批发商；按服务的内容可以分为综合服务批发商和专业服务批发商。

（四）旅游中小企业营销渠道策略

在当下市场，对于渠道的建立主要还需要改变固有的封闭观念，以创新和发展为动力，建立创新和进步的管理思路，建立健全的营销渠道体系，在建立协同效应的情况下提高旅游中小企业营销渠道管理水平。为了构建新时期的营销渠道管理方式，应该注意以下几点的落实。

1. 创新思路

在营销渠道管理的进程中加大对新思维的培养与运用，可以进一步使管理更加科学与专业。做到每一位管理参与者都对创新思路有具体的利用，逐渐把创新思路融入管理的具体事项当中，可以从部门职责的协调开始，以保证整体有效地实施营销渠道管理。注重渠道管理规范化，全面进行对品牌形象的优化，对企业的战略进行系统整理，摒弃过时的要求准则，发展新兴的对战略发展有长远利益的标准，使知名度得以提升。在市场沟通的时候采取积极有效的办法，不要局限于简单方案的使用，要综合考虑，多角度地建设企业的形象，在市场上做到优良的企业形象，加强企业品牌文化和产品在渠道管理中的正常流动。

2. 完善体系

完善营销渠道体系是旅游中小企业管理中不可缺少的关键部分，有必要把市场作为指导营销渠道选择的方向，形成完整的渠道体系，以满足复杂多样的市场要求。传统的营销渠道管理系统过于简单，管理的基础是最大化利益关系，削弱管理以人为本的思路；应该以巩固利益关系为首要基础，更好地适应复杂多样的市场。

3. 提高水平

缺乏协同作用会使相关的管理没有办法发挥到正常的效果，使管理的正常作用得不到体现。当前旅游中小企业的协同效应应该得到加强，并突出市场在企业发展中的重要作用。应该依据相关的规范准则，提升自身的管理水准，依靠战略管理理念，更好地控制营销建设。

综上所述，旅游中小企业应该树立与时俱进的渠道新思路，建立有效的协同和其他方式来提高营销渠道管理的高效能，更好地促进企业的发展和进步。

第三节 我国旅游中小企业营销现状

旅游市场营销是指通过利用市场营销的手段、提升旅游活动的水平、提供优质的旅游产品和服务，从而提升游客的满意度，满足企业获利的经营目标。具体的手段是对旅游产品进行分析、规划、实施和过程监督的全过程，以游客的需求为导向，不断协调和提升的过程。

一、我国旅游中小企业市场营销存在的问题

（一）品牌意识差较差

在我国，目前旅游中小企业市场营销中普遍存在品牌意识差、营销理念落后的问题。绝大部分企业还停留在产品推销的层次，即通过游说游客来销售旅游产品。现代化的营销理念应当是推广旅游品牌，尤其是打造高质量的精品品牌。旅游品牌应当是旅游资源、文化资源以及人力资源的集合体，通过广告、公关、营销等多种渠道综合推广。而目前旅游中小企业小作坊式的营销模式往往不能打造高端旅游产品，不能满足人们日益增长的旅游需求。

（二）恶性竞争严重

当前，我国旅游中小企业市场营销恶性竞争现象仍然很普遍。很多旅行社通过低价团、零团费等方式吸引游客，到达目的地后通过强制购物等方式谋利。这种做法极大增加了游客对旅游行业的反感情绪，短期来看旅游企业达到了获利的目的，但长此以往毕竟影响整个旅游业的发展。旅游产品质量下降、旅游行业投诉率增加，最终损害的是旅游企业自身的利益。

（三）信息获取渠道不健全

目前，我国旅游中小企业旅游信息获取的渠道不健全。受到地区经济发展不平衡的影响，一些旅游地经济水平比较落后，信息推广的手段较少，游客很难获取到具体的旅游资讯。在个性化旅游成为旅游市场发展大方向的当前时代，旅游地住宿情况、餐饮条件以及交通状况等信息成为决定旅游是否成行的关键因素，而这些旅游信息获取渠道不健全，导致了部分游客不选择该旅游线路，或者选择后在旅游过程中不能得到很好的服务，不仅影响了游客的旅行体验，也影响旅游中小企业的长远发展。

（四）营销短视现象突出

目前，大多数旅游中小企业还在追求短期的销售目标，而不重视企业长期的营销目标；缺乏对市场科学、深度的研究和分析，在营销过程中不考虑成本、利润、信誉等关键因素，为了能够短期获利甚至无视国家法律，开展非法经营，导致旅游行业的投诉率居高不下。这种短视的营销方式，破坏了旅游行业的形象，损害的是旅游中小企业和游客双方的利益，严重阻碍了我国旅游行业的健康发展。

二、我国旅游中小企业市场营销改进措施

（一）提升旅游产品质量

产品在市场营销 4P 组合中处于基础性地位，其他营销手段要想变得有效必须以产品为前提。随着社会经济发展和游客欣赏水平提升，游客对旅游产品的要求越来越高，不再停留在

走马观花式的观光旅游，而是更强调旅游产品的质量与文化内涵。因此，旅游中小企业在市场营销中首先要提升旅游产品质量，要积极探索中国传统文化的应用，提升旅游产品的文化内涵。针对旅游中小企业的实际情况和游客的需求特点深入分析，实地调研，加强旅游产品创新推广，在满足游客旅游需求的同时实现旅游企业经营目标。

（二）加强行业价格自律

价格是市场营销4P组合中最容易控制的营销策略,对营销效果能够起到立竿见影的效果。针对当前我国旅游行业乱象重生、恶意竞争、价格战等问题，首先需要建立行业规范，加强行业自律。坚决取缔价格欺诈现象，减少旅游产品中乱收费、强制收费的现象，减少价格战。旅游行业应该督促各中小企业在规定的价格范围内良性竞争，对不符合规定的企业要严厉制裁。旅游行业还可以建立相关的行业组织，对于信誉较好的企业允许加入协会，而对于违反标准的企业要加以惩罚后开除出协会。通过整个行业的意识和规则的严格化，来提升整个旅游行业的服务意识和服务标准，从而促进旅游行业长期、科学、稳定地发展。

（三）制定长期的营销战略目标

旅游中小企业应当制定长期营销战略目标，制定配套的长期发展规划，在完成短期经营目标的同时满足长期营销战略目标的要求。积极探索绿色营销、文化营销、关系营销以及知识营销等现代影响理念，提升旅游中小企业的营销水平。

（四）构建完善的营销渠道

随着互联网、计算机行业的迅速发展，旅游中小企业要加快市场的细化和营销渠道的构建。通过利用现代化的信息化手段，搭建旅游行业信息化系统平台，实现网络营销的格局。旅游中小企业要加强旅游企业和交通、住宿、餐饮等行业的沟通与配合，收集整理相关的信息，使他们成为旅游行业营销渠道的终端，构建完善的旅游行业营销渠道。

（五）做好售后服务

目前旅游中小企业普遍存在重销售轻售后的问题，但良好的售后服务对于旅游中小企业的长期发展是非常重要的。旅游中小企业应当加强售后服务，加强对游客事后的满意度调查，详细记录他们的年龄、职业等具体情况，以及他们对旅游产品的意见和建议。通过对相关资料的收集、整理以及详细分析，能够对旅游产品进行科学评估，一方面提升现有产品的质量，另一方面也对新产品的开发提供参考依据，避免新产品开发的盲目性。及时有效地跟踪和解决游客的问题，也能够大大提升游客对旅游中小企业的满意度，建立良好的口碑，起到很好的广告效应，从而为今后的旅游产品销售和推广打下基础。

三、旅游中小企业市场营销发展趋势

（一）实施整合营销策略

要想提升我国旅游行业中小企业市场营销能力，必须实施整合营销的战略，将旅游市场中的各个环节，包括政府管理部门、旅游企业、餐饮、住宿、交通等行业有效连接起来，集中各行业的优势打造精品旅游产品。整合营销策略是现代旅游管理中的全新概念，目的是集合多方力量使企业提升营销能力，从而对市场中的客户提供“一对一”的精品服务，提升客户对整个市场的满意度和认同度。整合营销策略有助于解决我国旅游中小企业营销问题，符合旅游业发展规律，是未来旅游市场营销的发展方向。

（二）从价格战转为质量战

价格战是我国旅游行业最常见的传统营销模式，旅游企业期望通过降低产品价格吸引更多的游客。随着社会的不断进步，相较于旅游产品的价格，人们更加重视旅游企业的品牌效应，旅游市场逐渐从价格战转为质量战，越来越多的旅游企业重视自身的品牌建设。旅游中小企业一方面在电视、现代媒体中投放广告进行宣传，另一方面也加强对自身旅游产品的管理，提升游客的满意度、提升产品的终端形象。随着质量理念的不断深入，旅游中小企业重视内在的价值要求，重视旅游产品质量控制，努力打造具有特色的旅游品牌，提升企业的知名度和忠诚度，从而赢得客户的长期信任。

（三）发展网络营销

网络营销是随着互联网、计算机、大数据而发展起来的新型市场营销模式，其具体方式是将产品的品牌推广、商品销售以及后期服务等在互联网中实现。网络营销相较于传统市场营销模式，具有速度快、成本低、服务优等优势。网络营销是未来市场营销的重要发展趋势。旅游中小企业可以利用互联网，更好地推广旅游产品，展示旅游资源，寻找供应商，服务游客。网络营销也是推广旅游品牌、提升旅游中小企业信誉度的有效途径。

（四）发展绿色营销

当今社会面临日益严峻的资源问题、环境问题，人们的绿色环保意识越来越强。在旅游行业中，游客愿意付出更多的成本参加绿色旅游、购买绿色产品。因此，旅游中小企业也应当紧跟潮流，转变经营意识，从传统的低价线路、高端线路模式中走出来，积极探索绿色产品，实施绿色营销战略，满足游客新型旅游需要。

第四节　旅游中小企业“互联网+”营销

随着互联网技术的发展和信息化时代的到来，传统的企业营销模式呈现出越来越多的弊端，融合现代信息技术的“互联网+”营销模式势在必行。“互联网+”时代，旅游者获取信息的渠道和方式都发生了巨大改变，互联网渗透到旅游者行前、行中、行后各个环节，成为影响旅游者出行决策的重要因素。旅游业呈现出的智能化、无线化、网络化等新特征，旅游营销活动越来越多地借助互联网或移动客户端来实现。互联网营销是一种新兴的营销模式，而通过网络进行产品销售可以为顾客与企业之间建立起良好的交易伙伴关系，企业可以及时了解客户需求，进而实现客户价值所在。在互联网经济营销环境下，企业可以更好地与顾客进行交流，让顾客参与企业产品各个环节，并直接参与企业产品市场营销过程，从而对营销方案的制定起到一定作用。所以，旅游中小企业通过“互联网+”平台可以探索旅游者的行为意图，提高营销活动的针对性和营销效果。当前，传统营销体系与“互联网+”营销模式呈现出不均衡发展的态势，“互联网+”营销模式的营销范围、营销速度以及成本优势都是传统营销所不具备的，所以，旅游中小企业一定要高度重视“互联网+”营销策略。

一、“互联网+”背景下旅游行为的变化

（一）旅游消费的便捷性

“互联网+”平台正在不断影响着旅游者的消费行为，旅游消费由线下交易为主转为线上、线下交易并存，并呈现出向线上交易为主的发展趋势。线上交易方式的出现，促使旅游者获取资讯的方式和渠道发生了变化，旅游者不用再去实体店了解旅游，咨询、洽谈旅游业务，足不出户就可以获取各种旅游信息咨询，同时可以通过在线交易平台进行旅游产品的选择，甚至是旅游线路的规划、定制旅游产品。“互联网+”平台的出现，让旅游者有了更多的选择余地，不仅可以选择性价比高的旅游产品，而且降低了旅游消费的时间和经济成本，充分体现了“互联网+”平台旅游消费的便捷性。

（二）旅游过程的互动性

传统的旅游过程以静态观赏为主，对于文化内涵型旅游资源，通常借助导游服务完成，旅游过程互动时间短、内容少、形式单一。传统的旅游营销模式中信息传递往往是单向的，旅游企业是资讯的发布主体，旅游者往往被动接收相关资讯；在旅游资讯的透明度和信息反馈方面，旅游者处于弱势地位，不利于旅游市场营销的有效开展。“互联网+”平台中，旅游过程的互动超越了时间和空间的限制，现代化媒介丰富了旅游过程互动的手段，通过移动互联网设备可以实现在线互动，及时将旅游过程分享。“互联网+”平台上除旅游者相关个体之间的旅游过程互动之外，还将线上运营商、线下旅游企业以及旅游目的地管理机构关联起来，改变了传统旅游营销中旅游者与旅游企业之间信息不对称的问题。

（三）旅游营销的精准性

市场营销的最终目的是期待消费者做出购买反应，只有提高旅游市场营销的精准性和针对性，才能有效提升旅游中小企业在“互联网+”时代的综合竞争力。“互联网+”时代传播信息量大、保存时间长以及用户分析精准的特点，拓展了旅游精准营销的渠道，特别是依托用户分析技术的信息精准投放，克服了“互联网+”时代过量信息分散旅游者注意力的难题。具体到旅游营销的精准性，旅游中小企业在旅游产品的推广过程中，不再是简单的一对多的信息传递，而是通过检索旅游者网页浏览习惯、关注点，进而形成专门化、定制化的旅游咨询，进行一对一地传递。通过“互联网+”平台实现旅游信息的分类、整理和聚合，借助旅游者在“互联网+”平台“关注—体验—共享”实现旅游中小企业品牌的增值。

（四）旅游体验的差异性

传统的旅游出行主要依靠旅游中间商完成，旅游者在旅游过程中缺乏自主权，主要是按

照旅游中间商设计的旅游线路游览，旅游者在游览过程中缺乏差异化旅游体验，旅游者的个性化体验需求得不到满足。随着游客个性化旅游需求不断增强，传统的营销模式弊端日显。在“互联网+”平台之下，旅游者和旅游中间商充分沟通、定制旅游产品，从机票预订、酒店选择、线路规划等细节入手，进而实现个性化旅游体验。同时，差异化旅游体验借助“互联网+”平台及时分享，催生了网络人际传播，旅游体验在一定范围网络圈传播，旅游产品的口碑以旅游者体验、感受、分享为标准，网络口碑传播范围越大，影响旅游消费的范围越广。旅游体验的网络分享正成为影响旅游消费的重要因素，旅游体验的即时分享逐渐演变为一种新的市场营销文化，影响并改变着传统的市场营销体系。

二、“互联网+”思维对旅游市场营销的影响

伴随着“互联网+”时代的到来，旅游市场营销呈现出新的特点和趋势，营销已不再是单一的旅游活动链条上的一个环节，融入互联网因素的旅游市场营销成为提升旅游者旅游体验的新手段。同时，相较于传统的营销模式，“互联网+”营销模式范围更广、途径更宽、速度更快、成本更低、效果更好，旅游营销借助互联网平台、移动客户端成为越来越多旅游中小企业的必然选择。概括而言，“互联网+”思维对旅游市场营销的影响主要体现在以下三个方面。

（一）对用户思维的影响

用户思维是建立在目标受众社群行为分析基础上的思维方式。在以兴趣爱好为基础形成的网络虚拟社区内，群体间的沟通显著影响了产品销售。所以，当经济发展由传统模式向信息数字时代转变时，市场营销模式也亟须转变。在大数据时代背景下，市场营销的重要任务就是通过创新渠道实现价值的保值与增值，对此旅游中小企业应积极转型，通过互联网营销思维创新市场营销活动。

（二）对用户沟通的影响

“沟通”是市场营销的第一要素，不仅能够更好地满足市场需求、创造市场需求，而且能够提升消费者的满意度与忠诚度。在“互联网+”时代背景下，对大数据、市场分析、数据挖掘、因素分析等技术的掌握就显得十分重要。旅游中小企业掌握这些技术的同时，还应利用这些技术对目标顾客以及潜在顾客进行分析应用，从而提高企业的市场营销效率，实现企业经营目标。

（三）对企业价值观的影响

在“互联网+”思维影响之下，市场营销已经不再是单向传播，而是互动传播。传统的单向传播越发处于劣势地位，只有通过互动营销方式，才能使市场营销取得更好的效果。当前，人们的生活方式、行为方式都在受到“互联网+”思维的影响，消费者行为特性也在不断发生变化，其群体性不断增强，因此需要旅游中小企业不断优化市场营销方式以适应市场变化。

“互联网+”思维对市场营销产生重大影响，这既要求旅游中小企业不断探寻市场营销方式的突破，又要求企业应拥有较强的社会责任感。未来的市场营销要以人为本，重视互联网

的作用，更要重视顾客的影响力。或者说，“互联网+”营销的核心就在于对用户心理的把握，通过“互联网+”的便利将顾客需求与产品更好地结合，才能取得更好的营销效果。

三、“互联网+”背景下旅游中小企业的营销困境

“互联网+”营销作为一种新型营销模式，与传统的营销模式相比具有明显优势。但就整体而言，我国旅游中小企业在“互联网+”营销发展过程中面临着一些难题。

（一）网络营销水平较低

地域性特征决定了旅游行业是一个非常适合使用网络营销的行业。这一特征要求旅游信息实现异地化传播，并通过信息传递扩大旅游目的地的知名度，而“互联网+”平台能够实现旅游信息快速、及时地传递，正好可以满足旅游行业的这一发展要求，这是传统旅游营销模式所不能达到的。因此，越来越多的旅游中小企业青睐网络营销模式，自觉开发旅游企业网站、开展旅游产品网络推广等。但是，对于如何开展“互联网+”旅游营销，大部分旅游中小企业仍然停留在类似于广告宣传的初级应用阶段，只是简单地进行旅游产品推销、提供旅游咨询等基本功能，并没有将核心业务流程、客户关系维护等延伸至“互联网+”平台。甚至有些旅游中小企业的网站长时间不更新，缺乏网络营销体系和制度保障，导致网络营销整体上处于较低水平。

（二）网络营销方式单一

传统的市场营销模式中信息传递是单向的，企业希望通过大量的信息传递来影响游客的旅游消费购买行为，因此旅游中小企业往往采取的营销方式是一种借助网络、媒体全方位撒网的营销模式，通过不同的传播载体，将旅游产品有关信息传递给旅游者，并设法取得旅游者的反馈，经由旅游者反馈的信息来分析旅游者的消费动机，进而促成旅游消费行为。由于旅游营销主体之间的利益纠纷、营销目标群体定位不同，加剧了旅游企业之间的竞争。旅游中小企业为了将众多的旅游产品推销给旅游者，在旅游营销过程中往往选取了过多的诉求点，分散了旅游者对旅游产品的注意力，影响旅游者对旅游产品的选择。“互联网+”平台的出现打破了这一局面，旅游者面对海量旅游推广信息时自主选择权增大，可以有选择地屏蔽一些旅游营销推广信息，这就对市场营销信息质量提出了更高的要求，传统依靠大量旅游推广信息冲击效应对旅游者购买行为的影响力逐渐减弱，差异化、个性化的旅游推广信息受到更多关注。

（三）网络营销人才匮乏

“互联网+”平台开发利用需要强大的技术团队作保障，网络营销需要专门的技术人才，旅游中小企业往往不具备自主开发网络营销平台和技术人才培养的能力，往往采取外包模式。甚至有些旅游中小企业将网络营销视为“互联网+”背景下不得已而为之的尝试，这就导致了旅游中小企业网站的客户体验感比较差。旅游网络营销涉及信息技术、旅游管理、市场营销等相关知识，是一个综合性较强的行业，也对旅游网络营销人才提出了较高的要求。而且，“互联网+”旅游营销是一种新兴的行业，目前社会急缺“互联网+”旅游营销人才。

（四）网络营销品牌弱化

旅游市场即将进入品牌消费的理性时代，品牌成为现代旅游企业的核心竞争力。随着互联网技术的普及以及信息产业的飞速发展，网络营销可以说是目前旅游企业品牌推广的最佳途径，旅游企业可以利用品牌影响旅游者，依靠品牌吸引力来获取市场份额。实践证明，没有品牌内涵的旅游产品往往是增值空间小、生命周期短的旅游项目，旅游产品会随着市场的变化而变化，旅游产品的品牌会被旅游者铭记。但是，目前多数旅游中小企业对于通过“互联网+”平台推广企业品牌的意识还比较弱，仍旧习惯于跟酒店、旅行社合作进行品牌推广，缺乏网络品牌推广意识。

四、旅游中小企业“互联网+”营销策略

从当前旅游企业市场营销现状来看，传统的市场营销体系已经难以适应新时期的市场形势。对于旅游中小企业而言，应当重视互联网背景下的市场营销方法创新，针对网络市场营销特点以及新时期旅游市场的需求情况，制定适宜的市场营销策略，对市场营销渠道进行整合，构建“互联网+”旅游营销体系，提升旅游中小企业的市场营销效果。

（一）树立“互联网+”旅游营销理念

“互联网+”旅游营销和传统旅游营销是一种互补关系，也就是线上和线下的互动关系，两者有效结合才能促进旅游市场营销拓展。“互联网+”平台作为线上沟通工具，促成旅游者的购买决策，线下办理具体业务是旅游消费的有效补充。树立“互联网+”旅游营销理念需要强化旅游市场营销的核心概念，在市场营销的过程中将现有旅游资源的特点和特色融入旅游营销之中，形成“人无我有、人有我优、人优我特”的营销核心观念。在市场营销渠道的开拓中，培育以旅游中小企业为主体的新型旅游网络营销，提高旅游企业网络营销利用率，旅游中小企业要将传统的市场营销渠道与网络市场营销渠道进行整合，线上线下相互配合，以便形成更好的市场竞争优势。具体而言，在网络市场营销渠道开拓方面，充分借助于“互联网+”平台的便捷、互动优势，吸引更多旅游者的注意力，达成意向旅游消费；同时在线下渠道方面需要进行相应的配合，将这种吸引力转化为旅游销售成果，并最终促成旅游消费行为。

（二）创新“互联网+”旅游营销手段

“互联网+”旅游市场营销凭借渠道、方式、手段的优势，正在冲击着传统旅游营销模式，在一定程度上抢占了传统旅游营销的市场份额，但“互联网+”旅游营销并不能在短期内完全取代传统旅游营销方式。因此，对于旅游中小企业而言，在“互联网+”旅游营销策略实施中，选择何种市场营销方法，要根据旅游中小企业的实际情况和外部市场竞争环境灵活选择。结合“互联网+”时代市场营销的特点，可以采取差异化战略来推动旅游信息资源整合，加快旅游信息流通，共同分享旅游市场，有针对性地开展旅游营销。例如，在旅游市场营销过程中可以紧密结合一些热点话题开展营销，将热点话题内容融入旅游营销内容，以达到吸引注意力的效果。在这一营销过程中，将企业营销活动的特点与营销策略相统一，从而最大限度地

提高旅游中小企业市场营销效果。

（三）培养“互联网+”旅游营销人才

随着旅游企业市场竞争越来越激烈，人才成为旅游企业生存发展的关键所在，特别是“互联网+”旅游营销模式之下，需要既懂旅游、又懂网络、还懂营销的复合型专业人才，专业旅游营销人才的数量和质量成为决定旅游中小企业“互联网+”营销成功的关键因素。培养“互联网+”旅游营销人才可以从三个层面着手：一是高薪引进专业人士加入“互联网+”旅游营销队伍；二是强化内部员工培训，针对员工开展“互联网+”旅游营销所需要的技术技能培训；三是开展校企合作，联合培养专门人才。

（四）培育“互联网+”旅游营销品牌

品牌是旅游企业的无形资产，能够给旅游中小企业带来意想不到的价值。培育“互联网+”旅游营销品牌具有双层含义：一方面是建立品牌的认知度，即通过“互联网+”旅游营销与旅游者充分沟通、交换信息，从而使旅游者对旅游企业的产品有更深入的了解，扩大旅游企业的知名度和影响力，让旅游业对旅游企业产生认同感；另一方面实现品牌的销售，旅游营销的最终目的是让旅游者购买旅游产品，进行旅游消费，品牌会让旅游产品实现溢价销售。培育“互联网+”旅游营销品牌需要注意网络口碑对品牌建设的影响力，口碑是旅游过程互动中形成的评价，也是旅游者获取资讯的重要渠道。口碑是对旅游产品体验之后形成的感受分享，是对旅游体验的一种真实概括。网络口碑关系着旅游目的地形象，是旅游目的地品牌形象塑造的影响因素之一。因此，培育“互联网+”旅游营销品牌可以借助口碑营销，旅游中小企业应及时关注网络热点，从旅游者的视角整理、创作特色旅游产品信息，并及时、准确地传递给潜在的旅游者。

“互联网+”旅游营销克服了传统营销的地域局限性，提高了旅游营销的精准性和成功率，有效地降低了营销成本，为旅游中小企业带来良好经济效益。与此同时，旅游中小企业“互联网+”营销也面临着从“供给不足”向“供给过剩”转变的挑战，特别是随着旅游市场的不断成熟，旅游业发展进入由规模化向品质化转换的时期，旅游市场的细分市场更加微观、竞争更加激烈，这都对旅游中小企业“互联网+”营销提出更高要求。市场营销的创意、内容和质量是开展“互联网+”市场营销竞争的核心，只有主动适应“互联网+”时代的新变化，采取“互联网+”旅游营销的新手段，才能在日趋激烈的旅游市场竞争中不断扩大市场份额，实现旅游中小企业的经营发展目标。

☞ 拓展学习

新媒体时代的旅游目的地宣传和营销——以苏州为例①

旅游目的地宣传和市场营销是城市旅游主管部门的传统核心职能，但在新媒体高速发展的背景下该如何适应和有效利用新媒体渠道，是我们必须面对的问题。苏州作为一个拥有丰富旅游资源的成熟旅游目的地，近年来在利用新媒体进行目的地宣传和营销方面进行了一定的尝试。

① 陆锋. 新媒体时代的旅游目的地宣传和营销——以苏州为例[J]. 旅游周刊，2018（4）：1-3.

一、国际旅游宣传与营销

苏州从2014年开始逐步加大了境外旅游市场的宣传和营销。囿于人力与财力，我们选择了北美市场作为重点目标市场，后来又逐步延伸到中国台湾地区及日本和欧洲的德语市场。考虑到资金的有限性以及新媒体的传播效率高这两方面的因素，我们一开始就在北美市场确定了以新媒体为主的宣传营销渠道及其相应的方式方法。即以世界遗产为核心吸引物，以苏州古城为城市空间载体，以苏州园林、大运河和正在申遗的江南水乡古镇，以及昆曲古琴等世界非物质文化遗产为重点对象，通过线上线下活动的结合，形象宣传与业推广的互动，来尝试新媒体时代的国际旅游宣传和营销。

苏州旅游Facebook账号于2015年2月14日正式上线，立足于苏州旅游内容发布和品牌推广，与海外用户群体保持互动和交流。Twitter、Instagram和YouTube账号也相继上线和运营。通过每天、每月更新社交媒体内容、线下活动和社交媒体互动，吸引了大量北美和其他地区英语消费者关注。截至2017年12月31日，@VisitSuzhou账号Facebook粉丝数达567 649人，粉丝量位居国内城市旅游官方账号第二名；Twitter粉丝95 387位，粉丝量位居国内城市旅游官方账号第一名；Instagram账户粉丝9 449名，粉丝量位居国内城市旅游官方账号第三名；在YouTube平台每月更新一条视频，其中，社交媒体热门人物Kelley Ferro的视频观看次数达到5 800次。

我们主要的推广策略：一是运用最前沿的社交媒体工具，让粉丝们尽可能活跃。在受众喜爱的社交平台（Twitter、Instagram、Facebook或者YouTube，或者四者结合起来）参与关注度高的话题，综合运用网站、邮件和搜索引擎优化策略，让富有创造力的内容更好地传播开来。现阶段的主题是“苏州制造——本地专家带你发现流光溢彩的苏州”，体现苏州的4个主要元素：丝绸、美食、艺术和园林。在社交媒体上发布的内容和线上线下活动集中体现这些元素，以表现苏州作为一个目的地的引人入胜和特别之处。这一时段4个线上活动分别是“苏州书法大师”Twitter线上竞赛、“苏式馄饨大师”Instagram线上竞赛、“当苏式丝绸遇上西式婚纱”Twitter线上竞赛以及“苏派盆景大师”Facebook线上竞赛。4个线下活动分别是以茶会友——苏式茶舍“闪”进纽约哥伦布广场、苏式丝绸亮相艾美奖、苏州旅游惊艳NBA新春赛场以及苏派盆景亮相旧金山梅西百货花卉展。以刚刚举办的快闪茶舍为例，其举办时间为12月14—16日，这是圣诞节前最繁忙的购物季，举办地在纽约的时代华纳中心，仅周末两天人流量就超过12万人。20家媒体、11位网络红人和7家旅行商参加了本次活动。活动前后，美国CBS电视台网站等对该活动进行预热和报道，社交媒体上#TravelSuzhou话题热度上升了320%，超过130篇媒体文章报道了本次活动，触及1.4亿受众。

二是密切关注新媒体的变化趋势，寻找触及潜在游客的新途径。2016年开始通过Instagram Stories给粉丝们提供苏州独有旅行体验背后的故事。在Twitter上通过有区域媒体影响力的人为苏州发声。通过在Twitter上推送实用的旅行信息，和正在苏州旅行的游客互动，鼓励来苏州旅游，建立苏州旅游品牌形象。在Facebook上推送苏州景点等信息以吸引潜在游客。在YouTube上每年发布12个和重点景点相关的短片，这些短片也通过其他平台和苏州旅游北美官方网站traveltosuzhou.com发布。

三是结合线上线下活动，在电视、纸媒、在线媒体上投放一定的广告。广告要富有创造力，体现出生机勃勃的活力，能够明确表达活动主题，传达苏州的特点，鼓励受众参与到活动中来。媒体宣传报道和新媒体营销互为补充，也帮助苏州旅游在北美市场获得了更高的认知度。同时我们也关注宣传和营销的结合，在通过新媒体进行形象传播的同时，委托专业公司持续开拓旅行商渠道。通过旅行商来苏实地考察，举办专场旅行商业务对接会等，不断增加北美地区售卖含苏州产品的中国旅游线路。

四是除运用社交媒体建立苏州旅游品牌形象之外，还通过全球知名的点评网站TripAdvisor做好口碑营销。通过优化美国、德国、英国、韩国、澳大利亚以及中国台湾6大境外客源国家或地区的苏州旅游专题页面，提升苏州在这些目标市场的知名度，增加苏州在国际市场上的竞争力和关注度，引导目标市场用户来苏州旅行，继续对这6大主要目标市场进行电脑端特别是移动端使用更具有互动性的HTML5格式动态广告内容，精准定向广告投放。升级英文、中文繁体、韩文、德文4个语种苏州页面为全球优选旅游目的地；在苏州Events页面和TripAdvisor苏州论坛页面链入苏州旅游北美官方旅游网站TraveltoSuzhou.com；将苏州的推荐图片在App端展示给目标用户。2017年苏州67家单位获得TripAdvisor卓越奖，同比增长68%，获奖商户数量在国内城市里排名前10；截至2017年12月31日，6个市场独立IP（UV）访问苏州页面的人次比去年同期增加60%以上，6个网站访问量达到1 863 051人次。苏州评论内容新增量在江苏省排名第一，92.4%以上的旅行者给予苏州4分以上的评分（满分5分）。

二、国内旅游宣传与营销

近年来，国内的新媒体发展速度远远超过了国外，因此旅游目的地的宣传与营销也越来越关注对新媒体的运用。苏州的国内旅游宣传营销从2015年开始逐步加大在新媒体方面的投入。主要做法包括：

一是多种新媒体渠道的组合使用。互联网和新媒体为我们带来了海量的相关数据，据此我们根据游客行前、行中、行后不同阶段的需求和获取渠道的匹配，使用不同的新媒体工具。主要有社交类、视频类、搜索类、攻略类等。

二是形象宣传与产品推广相结合。通常我们认为政府的宣传营销主要目标是形象宣传，而产品推广是企业的责任。但是对于一个旅游形象已经基本固化的成熟目的地，也不能一概而论。在新媒体风暴下，游客每天接受着海量的信息，整体形象类等间接信息与产品类的直接信息相比，其最终的传播效果微乎其微。同时，新媒体和互联网的优势在于为我们点对点精准营销提供了可能。基于这两方面的因素考虑，有必要在目的地整体形象下，选择一些有代表性、整合性、创新性的产品作为整体形象的具体化代表，用新媒体宣传营销直达游客端，提升传播的效率。

三是新媒体宣传与线下活动的结合。一方面是新媒体宣传营销与节庆活动的结合。节庆活动都有较强的时效性和主题性，而新媒体恰恰具有反应时间短、主题突出、覆盖面灵活等特征。而且新媒体具有较强的产品推广功能和活动组织功能，有利于推进节庆活动的市场化。另一方面是新媒体宣传营销与传统的客源地营销相结合。客源地营销是过去很长一段时间里旅游目的地营销的主要方式之一，包括推介会、旅展等。这些活动虽然专业性较强，但受限于这些活动本身的参与度不高，传统媒体的传播效果也有限，其局限性是很明显的。但新媒体与传统媒体相比，其优势恰恰在于传播的广泛性和精准性。因此我们尝试并逐渐形成了两者结合的客源地推广模式，以推介会提供更精准的内容，以新媒体传播覆盖更精准的人群。

四是发挥新媒体以点带面的作用。新媒体的渠道种类繁多，表现方式各异，图片、文字、视频、声音兼具，具有很强的感染力，选择合适的题材和内容，通过聚焦个体获得成功后，带动同类产品、同类板块、同类区域的整体形象提升。例如，苏州有“村上湖舍”“青蛙村”两个成功的乡村旅游和民宿项目，2017 年我们通过两个项目的 5 分钟短视频，很好地宣传了环太湖地区和环阳澄湖地区的主题乡村游产品。两个视频政府资金只出了 10 万元的制作费，却都获得了 500 多万的点击量，新媒体的性价比还是非常令人满意的。

五是充分发挥自媒体的作用。苏州市旅游局的微信、微博通过委托专业团队运营维护，文字、图片质量长期保持高水平，并带来较好的传播效果，使得目的地整体的形象宣传和产品推广有了一个很好的基础。通过高质量自媒体与其他新媒体的资源互换和合作，我们自己的宣传效果得到了有效放大。同时，官方微博在常年保持每天 3 篇全文的基础上，每周还有 1 篇攻略性质的主推文章，使得宣传营销更接地气，并具有一定的产品转化功能。

新媒体的发展对传统媒体产生了很大冲击，同时新媒体确实带有一些明显的先天优势，因此，目的地旅游宣传和营销必须主动地拥抱新媒体。但我们应该看到新媒体也不是万能的，它也有一些固有的缺陷，如信息的碎片化，传播效能无法长期持续等。因此我们的核心思想是，新媒体只是一种传播的渠道，目的地宣传和营销仅仅拥抱新媒体是远远不够的，必须在内容、组合方式、区域与整体配合等多方面、系统化考虑的基础上，在数据分析的支撑下，选择合适的新媒体，实施最终的传播行为。

本章小结

企业经营管理中有种观点“企业除了营销其余的全是成本”，这说明市场营销是决定企业营利的关键因素，其重要性可见一斑。本章在系统梳理市场营销相关理论的基础上，重点结合市场营销 4P 理论，论述我国旅游中小企业产品策略、价格策略、促销策略与渠道策略。然后，结合我国旅游行业中小企业实际情况，分析其存在的问题，并提出优化策略。最后，结合当前网络时代“互联网+”营销理念，分析我国旅游中小企业网络营销策略。

本章的主要知识点：市场营销、4P 组合、产品策略、价格策略、促销策略、渠道策略、“互联网+”营销。

复习与思考

1. 简述市场营销的概念与内涵。
2. 简述我国旅游中小企业产品策略。
3. 简述我国旅游中小企业价格策略。
4. 简述我国旅游中小企业促销策略。
5. 简述我国旅游中小企业渠道策略。
6. 简述我国旅游中小企业市场营销现状。
7. 简述我国旅游中小企业市场营销优化策略。
8. 简述我国旅游中小企业“互联网+”营销策略。

第七章　旅游中小企业人力资源管理

学习目标

通过本章的学习，学生应掌握人力资源管理的概念与内涵，了解人力资源管理思想的发展演进；领会现代人力资源管理特征，掌握人力资源管理的主要内容；了解我国旅游中小企业人力资源管理存在的主要问题，掌握主要的解决对策；领会我国旅游中小企业人力资源管理的优化策略；了解人力资源管理外包模式的优点、缺点以及使用方法。

第一节　企业人力资源管理概述

一、企业人力资源管理的概念

人力资源管理是指企业的一系列人力资源政策以及相应的管理活动，是企业运用现代管理方法对人力资源的获取（选人）、开发（育人）、保持（留人）和利用（用人）等方面所进行的计划、组织、指挥、控制和协调等一系列活动，最终达到实现企业发展目标的一种管理行为。

人力资源管理是企业管理的核心组成部分，具体包括人力资源战略制定、员工招聘与选拔、员工培训、绩效管理、薪酬管理、员工流动管理、员工关系管理、员工职业生涯规划等内容。

二、人力资源管理发展历史

人力资源管理作为一门新兴学科，正式产生于 20 世纪 70 年代末。虽然人力资源管理学科发展历史不长，但是人事管理思想却源远流长。从时间上看，从 18 世纪末开始的工业革命，一直到 20 世纪 70 年代，这一时期被称为传统的人事管理阶段。从 20 世纪 70 年代末以来，人事管理让位于人力资源管理。

（一）人事管理阶段

人事管理阶段又可具体分为以下三个阶段：科学管理阶段、工业心理学阶段、人际关系管理阶段。

1. 科学管理阶段

20 世纪初，以泰勒等为代表的学者创立了科学管理理论学派，并推动了科学管理实践在美国的大规模推广应用。泰勒提出了劳动分工、标准化操作、挑选一流工人、计件工资制、计时工资制、劳动定额等管理方法。1911 年泰勒的《科学管理原理》一书，奠定了科学管理的理论基础，泰勒也因此而被管理学界称为“科学管理之父”。

2. 工业心理学阶段

以德国心理学家雨果·芒斯特伯格等为代表的心理学家，推动了人事管理工作的科学化进程。雨果·芒斯特伯格于 1913 年出版的《心理学与工业效率》一书标志着工业心理学的诞生。工业心理学除了研究人际关系、人机关系、人与工作环境的关系外，还研究劳动作业的内容、方式、方法与人的工作效能的关系问题。

3. 人际关系管理阶段

1929 年美国哈佛大学教授梅奥率领一个研究小组到美国西屋电气公司的霍桑工厂进行了长达 9 年的霍桑实验，真正揭开了对组织中的人的行为研究的序幕。梅奥提出职工是“社会人”，企业中存在着“非正式组织”，新型的领导能力在于提高职工的满足度等内容。人际关系管理第一次把研究的重点从工作和物的因素上转移到人的因素上，不仅在理论上对古典管理理论做了开辟和补充，还为现代行为科学理论奠定了基础，而且对管理实践产生了深远影响。

（二）人力资源管理阶段

人力资源管理阶段又可分为人力资源管理的提出和人力资源管理的发展两个阶段。“人力资源”的概念是 1954 年彼得·德鲁克在其著作《管理的实践》中明确提出的。20 世纪 80 年代以来，人力资源管理理论不断成熟，并在实践中得到进一步发展，因而为企业所广泛接受，并逐渐取代传统的人事管理。进入 21 世纪，人力资源管理理论不断发展，不断成熟。人们更多地探索人力资源管理如何为企业的战略服务，人力资源部门的角色如何向企业管理的战略合作伙伴关系转变。战略人力资源管理理论的提出和发展，标志着现代人力资源管理的新阶段。

三、现代人力资源管理的特征

（一）人本特征

现代人力资源管理采取人本取向，始终贯彻员工是组织的宝贵财富的主题，强调对人的关心、爱护，把人真正作为资源加以保护、利用和开发。

（二）专业性与实践性

人力资源管理是企业最重要的管理职能之一，具有较高的专业性，从小公司的多面手到大公司的人力资源专家及高层人力资源领导，都有着很细的专业分工和深入的专业知识。人力资源管理是企业管理的基本实践活动，旨在实现组织目标的重要工作，表现出高度的应用性。

（三）双赢性与互惠性

人力资源管理采取互惠取向，强调管理应该是获取企业的绩效和员工的满意感与成长双重结果；强调组织和员工之间的“共同利益”，重视发掘员工更大的主动性和责任感。

（四）战略性与全面性

人力资源管理聚焦于组织管理中为组织创造财富、创造竞争优势的人员管理上，即以员工为基础，以知识员工为中心和导向，是在组织最高层进行的一种决策性、战略性管理。人力资源管理是对全部人员的全面活动和招聘、任用、培训、发展的全过程的管理。只要有人参与的活动与地方，就要进行人力资源管理。

（五）理论基础的学科交叉性

人力资源管理采取科学取向，重视跨学科的理论基础和指导，包括管理学、心理学、经济学、法学、社会学等多个学科，因此现代人力资源管理对其专业人员的专业素质提出了更高的要求。

（六）系统性和整体性

人力资源管理采取系统取向，强调整体地对待人和组织，兼顾组织的技术系统和社会心理系统；强调运作的整体性，一方面是人力资源管理各项职能之间具有一致性，另一方面是与组织中其他战略相配合，依靠和支持整个组织的战略和管理。

四、人力资源管理的主要内容

（一）职务分析与设计

职务分析与设计是对企业各个工作职位的性质、结构、责任、流程以及胜任该职位工作人员的素质、知识、技能等内容，在调查分析的基础上，编写职务说明书和岗位规范等人事管理文件。

（二）人力资源规划

人力资源规划是把企业人力资源战略转化为中长期目标、计划和政策措施，包括对人力资源现状分析、未来人员供需预测与平衡，确保企业在需要时能获得所需要的人力资源。

（三）员工招聘与选拔

员工招聘与选拔是根据人力资源规划和工作分析的要求，为企业招聘、选拔所需要人力资源并录用安排到一定岗位上。

（四）绩效考评

绩效考评是对员工在一定时间内对企业的贡献和工作中取得的绩效进行考核和评价，及时做出反馈，以便提高和改善员工的工作绩效，并为员工培训、晋升、计酬等人事决策提供依据。

（五）薪酬管理

薪酬管理包括对基本薪酬、绩效薪酬、奖金、津贴以及福利等薪酬结构的设计与管理，以激励员工更加努力地为企业工作。

（六）员工激励

员工激励是用激励理论和方法，对员工的各种需要予以不同程度的满足或限制，引起员工心理状况的变化，以激发员工向企业所期望的目标而努力。

（七）培训与开发

培训与开发是通过培训提高员工个人、群体和整个企业的知识、能力、工作态度和工作绩效，进一步开发员工的智力潜能，以增强人力资源的贡献率。

（八）职业生涯规划

职业生涯规划是鼓励和关心员工的个人发展，帮助员工制订个人发展规划，以进一步激发员工的积极性、创造性。

（九）人力资源会计

人力资源会计是与财务部门合作，建立人力资源会计体系，开展人力资源投资成本与产出效益的核算工作，为人力资源管理与决策提供依据。

（十）劳动关系管理

劳动关系管理是协调和改善企业与员工之间的劳动关系，进行企业文化建设，营造和谐的劳动关系和良好的工作氛围，保障企业经营活动的正常开展。

五、人力资源管理的基本功能

（一）获取

根据企业目标确定所需员工的条件，通过规划、招聘、考试、测评、选拔、获取企业所需人员。

（二）整合

通过企业文化、信息沟通、人际关系和谐、矛盾冲突的化解等有效整合，使企业内部个体的目标、行为、态度趋向企业的要求和理念，使之形成高度的合作与协调，发挥集体优势，提高企业的生产力和效益。

（三）保持

通过薪酬、考核、晋升等一系列管理活动，保持员工的积极性、主动性、创造性，维护劳动者的合法权益，保证员工在工作场所的安全、健康、舒适的工作环境，以增进员工满意感，使之安心满意地工作。

（四）评价

对员工工作成果、劳动态度、技能水平以及其他方面做出全面考核和评价，为做出相应的奖惩、升降、去留等决策提供依据。

（五）发展

通过员工培训、工作丰富化、职业生涯规划与开发，促进员工知识、技巧和其他方面素质的提高，使其劳动能力得到增强和发挥，最大限度地实现其个人价值和对企业的贡献率，达到员工个人和企业共同发展的目的。

第二节　我国旅游中小企业人力资源管理现状

一、旅游中小企业人力资源管理存在的问题

改革开放 40 年来，我国企业人力资源管理水平稳步提升，但与发达国家相比仍有较大差距。目前，我国旅游中小企业在人力资源管理方面主要存在以下问题。

（一）人力资源管理制度不健全

目前，国内多数旅游中小企业人力资源管理仍然停留在传统的人事管理阶段，所谓人力资源管理就是员工考勤、奖惩制度、工资分配、工作规则等内容，缺乏科学、合理、有效、可行的员工绩效评估体系和激励机制。在管理中，用人制度僵化、缺乏竞争机制；在分配制度上缺乏新的突破，动力机制与约束机制不完善，缺乏科学的考核机制，忽视员工的利益和主观创造性；在制度标准上主观随意性强，或形式重于实质。另外，旅游中小企业人力资源部在现实中普遍执行参谋角色，没有纳入经营决策层，忽视了人力资源管理的规划作用。很多企业的人力资源管理理念与方法之间难以达成有效的契合，也没有更加合理健全的制度措施来对这些不足之处进行约束，导致旅游中小企业的人力资源效率较为低下。

（二）人力资源管理思想观念落伍

受到传统的计划经济体制影响，我国许多旅游中小企业往往模仿着国家行政机关和企事业单位的人事管理方法进行人力资源管理。执行“听从安排”，否定了员工的能动性和工作上的创造性。人力资源管理局限于因岗设人，而不着眼于人的开发利用。没有认识到员工是一种重要的资源，把员工看成集体的财产，只重于拥有不重于使用，人才闲置、人才压制和人

才压抑成为普遍现象。人才的流动性较差，缺乏合理的人才进出机制，缺少竞争，企业活力较差。

（三）人力资源管理方式落后

旅游中小企业的人力资源管理观念较为落后，管理手段粗糙，管理制度受个人意志影响严重。企业经常将人力资源管理视为底层的人事管理，管理者和决策者不能有效配合，二者之间存在明显的鸿沟。这样一来，人力资源管理只能成为执行上级下达的人事任务命令，失去了管理的主动性。

（四）管理者管理水平不足

许多旅游中小企业人力资源管理停留在过去家族式管理模式阶段。但是，人力资源管理绝对不是家庭式的组织管理关系，也不是家庭式的工作分配关系和家庭式的奖励、激励方式，要讲究科学，懂得在战略层面去构建自己企业的人力资源培养和发展关系。作为旅游中小企业的管理者，要懂得根据不同员工的知识结构、专业特长、个性表现等综合能力来安排其合适的工作岗位；对新入职的员工必须进行必要的入职培训，通过入职培训来规范新进员工的工作行为，需要通过培训来植入企业文化和企业生存与发展理念，这样便于后期的员工管理，也有利于提升员工的工作技能和知识水平，更重要的是可以通过岗前培训树立小微企业形象与员工的归属感和自豪感。在实践中，很多旅游中小企业管理者不能做到审时度势，在工作管理中过于死板和教条，不懂得变通。有的管理者为了追求表象的工作能力，热衷于参加各种所谓的高级人力资源管理师、国际人力资源资格等培训而忽略了对自己员工的深入了解，遇到自己员工消极怠工、年度调薪、绩效考核、奖金发放等现实问题的时候便自乱阵脚，无法做到对企业人力资源进行科学有效地管理。

（五）绩效考核机制不合理

我国许多大学毕业生在就业时会优先选择行政事业单位，其次是外企、国企和大型企业，而不愿意去广大中小企业工作。这种现象在旅游行业尤为明显，出现这种局面，一方面是由于受到传统思想观念的影响，另一方面则是由于我国旅游中小企业在人力资源管理上缺乏合理的考核激励机制。在“人治”的管理思路之下，由于管理者本身的能力、资历、价值观的不同，在具体制定选拔人才的方法、方式及用人策略上就会因人而异，从而导致客观、公平、公正的选拔用人的原则很难体现。广大旅游中小企业在具体的收入分配机制方面缺乏科学的绩效考核分配方式，难以体现科学的绩效管理、奖励办法。这实际上是忽视了员工在具体岗位工作中的主观能动性和创造性，无法实现旅游中小企业人力资源的可持续发展。

二、制约旅游中小企业人力资源管理的主要因素

（一）观念滞后

不论是旅游大企业还是旅游中小企业，其管理者都受制于传统文化和经营思想的影响。我国传统的店员式经营模式造就了管理者与被管理者之间的不平等地位，在工作中形成了支

配与被支配的领导方式，这种现状在广大旅游中小企业中较为普遍。这种“上智下愚”的经营理念会潜移默化地影响企业管理者的思维模式，具体在工作中往往表现为喜欢用“一竿子插到底”的高度集权的管理方式，忽略了员工的感受和工作能动性；在工资和收入分配上实行“一刀切”模式，不重视发挥薪酬体系的激励作用。久而久之便会制约旅游中小企业人力资源潜能的发挥，造成企业人力资源管理浪费以及人力资源配置不合理等问题，使企业丧失核心竞争力，影响企业的长远发展。

（二）理论滞后

目前，专门针对我国旅游中小企业人力资源管理的相关理论尚未形成体系。中小企业管理者受制于自身的受教育水平，大多缺少打造企业文化的思路和战略构想，对员工的管理也普遍缺乏人本主义管理思想。在企业的日常管理活动中仅限于制定条条框框，强制员工去遵守和执行，表面上看起来企业运作得有条不紊，但是企业业绩和效益往往很难有突破性发展。因为不论是大型旅游企业还是中小型旅游企业，人才是企业发展的原动力所在。如果一个企业忽略了员工的能动性和创造性，仅仅靠机械的管理模式来提高经济效益是很难的。旅游中小企业要在管理中树立人本主义管理思想，树立和打造企业文化，不是单纯地用制度管人，要用较好的薪资待遇和良好的企业文化来发展员工。

（三）教育水平落后

目前，几乎所有的国家和地区都把发展教育和开发人力资源当作国民社会经济可持续发展的关键，教育对市场经济、知识经济和人力资源开发都有很大的促进作用。我国高等教育每年培养的毕业生数量庞大，但是如果站在企业的角度却往往不能满足用人需求。究其原因，主要是因为目前高校培养的学生与企业所需要的人才不能很好地匹配。即使高校的人才培养方案是通过对市场和社会调研确定的，同时还需要尊重教育教学规律，再加上培养的几年时间，这样一来导致高校培养出来的人才总是落后于社会、企业对人才的需求。如何把高校毕业的人才变成企业的人力资源，就需要企业对员工进行系统的岗前培训和技能型训练，以适应企业的发展需求。

三、旅游中小企业人力资源管理解决对策

（一）构建人本主义管理思想

针对我国旅游中小企业人力资源管理存在的问题，尤其是管理者的观念滞后问题，应该首先在思想上树立以人为本的人力资源管理思想。以人为本的关键在于尊重人才，有效开发和利用人才，而不仅仅将人才视为企业追逐利润最大化的工具。要体现企业对人的温暖关怀，使员工能够获得超越生存需要的、全面自由的发展空间。倡导企业组织和员工的共同发展，使员工的成长与企业组织制度的完善相互促进。以人为本需要全方位地发展员工、锻炼员工、提升员工的综合素质，把企业员工的智慧、积极性和创造性充分发挥出来，让每个员工都有用武之地。建立以“用好人”“育好人”为宗旨的现代人力资源管理模式，把员工的才能和创造性发挥出来，确保旅游中小企业的优秀人才成长，减少人才流失。

（二）完善人力资源管理与配置机制

建立科学有效的旅游中小企业人力资源配置和激励机制，实现人力资源资本价值最大化。要适应现代市场经济发展规律和发展要求，抓好人才发展“双通道”建设，完善管理序列与专业序列岗位并行互通、科学有序的员工职业发展规划，健全企业员工职位晋升与自我成长发展机制。积极引导企业员工多元化发展，通过在职教育与职业技能培训，提高人岗匹配度，促进人尽其才、人人成才。旅游中小企业可以通过与当地高校签订人才订单式培养来满足自身对人力资源的开发与使用。通过竞争性岗位的选拔机制和人才储备制度，对于不同层次、不同类别的员工，采取差异化的竞争方式和选拔办法。拓宽急需人才、高端人才的选用，着重解决好新型业务领域和岗位急需的领军人才短缺问题，以促进旅游中小企业人力资源可持续发展。

（三）完善人力资源绩效考核体系

建立旅游中小企业科学有效的人力资源开发与绩效考核体系，对员工进行有效激励。逐步建立健全以价值为导向的绩效管理机制，构建全方位、多维度、分层次的绩效管理机制，进一步加大业绩贡献和优化民主测评指标体系，加强对企业基层员工绩效管理的指导，通过绩效考核来激发工作的创造性，优化人力资源配置。

（四）构建多元化激励制度

强化薪酬的激励和调节职能，构建多元化薪酬分配体系，使旅游中小企业的员工能够自主地选择激励方式和方法。深化薪酬管理机制改革，进一步完善薪酬制度，适当加大员工能力和绩效在薪酬分配中所占的比重。另外，需要完善旅游中小企业绩效工资的分配办法，探索建立个性化的绩效工资分配制度，提高绩效工资分配中的科学性、合理性、针对性。根据企业的性质和企业成长情况来完善绩效奖励挂钩机制，科学选择挂钩指标，提升员工工资总量配置的战略导向和激励约束作用。

第三节　旅游中小企业人力资源管理优化策略

一、重视人力资源管理工作

人力资源既是企业生产经营活动的动力，也是企业最重要的资源，是企业的宝贵财富。旅游中小企业管理者必须明确人力资源管理的重要意义，要强化人力资源管理工作，并把这项工作作为企业管理的重点落实到位。要遵从企业发展目标对人力资源管理工作进行战略规划创新，积极创新人力资源管理理念，能够以战略眼光推动这项工作的创新发展。作为企业管理人员要加强人力资源管理体制改革，通过改革摆脱人力资源管理的传统模式。企业领导要具有创新思想，积极创新人力资源管理工作思路，借助于先进的管理思想开展人力资源管理工作，保障人力资源管理创新发展。

二、创新人力资源管理思想

人力资源管理是企业管理的核心。旅游中小企业要积极创新用人思想，推进用人制度改革。在人才招聘过程中，要严格按照企业发展要求，科学制定人才招聘制度，并严格按照招聘要求选拔优秀人才。招聘人才之后，要基于岗位需要，定期对员工进行培训。旅游中小企业要充分发挥员工工作积极性和创造性，要打破传统用人观念，不能唯文凭选拔任用人才，要更加关注人才的工作经验和实践能力，真正把能力素养高的人放在合适的位置上。企业还要打破传统的用人理念，为每一位真正有才能的员工创造发展机会，营造良好的用人环境。真正吸引人才、留住人才是旅游中小企业人力资源管理的重点工作。

三、推行柔性化管理制度

当前，许多旅游中小企业对员工的管理是比较严格的，而且多是通过硬性的规章制度对员工进行约束管理，甚至有些企业出于自身利益对员工提出苛刻要求。这种管理制度必然会制约员工的工作积极性，也会影响员工潜能的挖掘。因此，企业要基于时代发展要求，创新管理制度，积极推行柔性化管理制度，以赢得员工对人力资源管理工作的支持。推行柔性化管理制度，企业需要立足于员工工作实际状况，在岗位调动、薪酬设置、福利发放等方面多考虑员工的个性化需要。制定一些灵活的奖惩标准，制定有效的竞争机制，以提升员工工作的积极性，促进员工工作潜能的发挥。在管理过程中，管理者要允许员工表达自己的意见，并结合员工意见对管理制度进行完善。

四、创新人力资源管理方式

旅游中小企业要积极借助于先进的技术手段，创新人力资源管理方式，保障人力资源管理工作高效开展。在人力资源管理方式创新过程中，要借助于网络技术手段将企业各岗位工作有效联系起来，基于岗位情况对员工进行统一的个性化了解，对员工进行统一管理。要借助于网络手段，实现与员工及时有效的沟通，以保障各种管理政策都能落实到位。旅游中小企业要借助于网络化手段，及时沟通员工关注的绩效、考勤、福利等方面的问题，保障各种信息及时、准确地传递。旅游中小企业还要加强新科技手段、信息技术在人力资源管理中的应用，积极实现人力资源的信息化数字化管理，积极落实办公自动化系统的应用。旅游中小企业要投入一定的人力财力，构建人力资源数字化信息管理模式，实现各种信息及时、准确地传递，为企业发展提供有力的技术支持。

五、提高员工培训水平

在当今大数据时代，员工培训是必要性的工作内容，任何成功的企业都会非常注重培训。企业人力资源管理的进步和革新，要坚持在员工培训的水平上，按照科学合理的方法巩固。首先，旅游中小企业人力资源管理初期，要针对不同岗位的员工，落实差异性的培训理念和方法，促使各个岗位的工作人员，能够在相互合作、相互进步的过程中，选用正确的方式、方法来完成工作，这样才能在问题的综合处理上，不断取得更好的成绩。其次，对于员工培训而言，要在等级、内容等方面加以划分，高等级的培训在于帮助员工自身获得更好的发展，在技能上和素养上不断巩固，从而不断完善企业人力资源管理体系。

六、完善制度管理

旅游中小企业人力资源管理要在管理制度上不断完善，只有这样才能促使每项工作顺利开展，并不断创造较高价值。首先，旅游中小企业人力资源管理必须对国家的相关规范、条文积极地融入，不允许出现任何违规现象。所以，要坚持在企业人力资源管理的制度上，保持足够的丰富性。其次，在管理制度的实施过程中，应保持一视同仁的态度，确保所有的员工都能公平对待。任何不公平的行为或者极端的管理手段，都容易引起社会上的舆论压力，这将会对企业人力资源管理造成恶劣影响。

七、完善员工福利待遇

根据相关统计数据，拥有较好福利待遇的企业，其员工的流失比例不到 10%。相反，福利待遇较差的企业，员工的流失比例比较大，而且无法稳步推进自身的产品或者经营项目，造成的持续性损失严重。首先，旅游中小企业人力资源管理在福利待遇方面，必须按照不同等级、不同部门、不同规范来执行，既要符合国家要求，又要满足员工需求，同时不能影响企业的长远发展；要在实地调查与科学分析的基础上，完善福利待遇，保持较高的可靠性、可行性。其次，在福利待遇的提升和改进过程中，必须给出较为明确的依据，不能总是按照传统的主观臆断手段来完成，这样并不能取得较好的效果。

八、创新员工考核方式

绩效考核是对员工工作成效检测评价的重要手段，也是提升员工工作积极性和创造性的有力手段，因此，旅游中小企业要重视考核工作，完善员工考核机制。企业要根据业务的需要明确各岗位考核标准，依托相关标准定期对员工进行绩效测评，建立员工绩效考核制度，并落实相关制度。在绩效考核中，要加强监督管理，保障考核结果的公开、公平和公正。员工绩效考核结果直接与工资薪酬挂钩，以这种措施促进员工积极落实工作，提升工作效率。对于考核不合格的员工，企业要制定必要的惩处措施，并要加强对相关员工的专业培训、思想教育和岗位培训工作。通过有效的考核，通过完善的培训，真正提升员工工作能力，从而实现人力资源管理的价值。

总之，在当今社会市场环境下，企业所面临的经营环境纷繁复杂，各企业的生存与发展压力不断增大。旅游中小企业要生存、要发展必须加强内部管理，尤其是要创新人力资源管理。领导者要意识到人力资源管理对于企业发展的重要性，要对各项人力资源管理工作进行改革创新，优化人力资源管理体系，完善考核奖惩和内部竞争机制，不断提升员工的工作积极性和创造性。只有这样，才能为旅游中小企业的发展提供可持续的人力资源支撑。

第四节　旅游中小企业人力资源外包模式

作为一种新型管理模式，人力资源外包是指在企业内部资源有限的情况下，为获取更大的竞争优势，根据自身需要将一项或几项人力资源管理工作或职能通过合约的方式委托给比自己更具成本优势和专业知识的企业，以达到降低成本、提高效益、增强核心竞争力的一种管理模式。对于旅游中小企业来说，在自身资源实力有限的情况下，将劳务外包可以节约成本，集中优势资源做好核心业务。所以，外包模式将是未来旅游中小企业人力资源管理的重要发展趋势。

一、人力资源外包的优势

（一）有利于节约成本

人力资源管理的外包直接减少了旅游中小企业本来用在行政事务性、经常性人力资源活动上的资源，使企业的人力资源管理费用大大降低；而且，通过外包可以从专业外包机构那里获得高质量服务。

（二）有利于集中资源发展核心竞争力

在当今市场经济条件下，市场竞争激励，旅游中小企业经营压力较大。有限的资源直接限制了企业成为“多面手”，这就需要旅游中小企业在资源分配上有所侧重，集中力量发展核心业务，通过比较优势实现盈利。对于广大旅游中小企业而言，本身资源本来就捉襟见肘，把不具优势的人力资源管理业务外包出去，集中资源发挥其优势业务很有必要。同时，企业也可以将一些琐碎的事务性工作如招聘、培训等外包，专注于培养具有核心竞争力的业务，以取得长远竞争优势。

（三）有助于实现人力资源管理职能转变

知识经济时代，人力资源部门越来越多地参与企业战略规划中，担当协调者、变革促进者和倡议者等角色。而目前国内旅游中小企业的人力资源管理现状表明，人力资源管理者的精力大多都放在了事务性的工作上，更多地充当了行政、总务、后勤委员会等角色，基本无暇关心战略问题。如果选择将这些事务性工作外包出去，企业人力资源管理部门就可以聚焦与战略相关的活动，有更多的时间去充当学习型组织、教育的推动者、高层主管咨询顾问、战略业务伙伴、管理职能专家和变革倡导者等角色，实现人力资源管理战略职能转变。

二、人力资源外包的风险

（一）外包成本错误估计的风险

降低成本是业务外包的最原始动机，旅游中小企业利用外包服务商的专业化和规模效应达到降低运营成本的目的。但在达成外包协议之前，应该对企业自身即将产生的成本进行科学的预测核算。企业通常都能够对显性成本进行较为全面的估算和分析，但对部分隐性成本却难以把握，如维护与服务商的良好关系、企业员工对外包工作的满意度等，以上原因都会造成企业在进行外包时做出错误的决定。

（二）外包内容的决策风险

旅游中小企业实施人力资源管理外包，目的不尽相同，有的是为了降低成本，节约人力、物力，有的是为了转变人力资源部门职能，减少事务性工作，增强对企业的统筹管理。在达到这些目的的同时，外包也意味着企业对这项业务的控制权降低。因此，在实施人力资源管理外包前，旅游中小企业首先必须明确目标，确定哪些业务可以外包，哪些业务不能外包，不能单纯地效仿。如若外包内容选择不慎，将会造成人力资源管理混乱，不但不能达到既定目的，反而适得其反。

（三）外包商选择的风险

旅游中小企业实施外包前应当对外包市场做全面充分的了解，否则可能存在“逆向选择”的风险，所以在选择外包商的时候需要进行详尽的调查。调查者的失职、不专业或者缺乏责任心等不确定因素，都将导致不能客观了解外包服务商的相关信息，使企业与外包服务商之间形成信息不对称，进而造成选择风险。

（四）外包过程中的经营安全

一旦实施人力资源管理业务外包，为了从外包商那里获得适合本企业的服务，企业难免会向服务商提供一些内部信息。这些信息中可能会有相当一部分是本企业的商业机密，如企业战略、经营指标、人力资源管理现状、销售模式等方面的信息。这些信息一旦泄露将会给企业带来无法挽回的损失。而且我国目前尚无完善的法律法规来规范、约束人力资源外包风险，外包市场的不成熟和不规范，都将使旅游中小企业在外包运作过程中承担着较大的安全隐患。

三、旅游中小企业人力资源外包工作流程

旅游中小企业人力资源管理外包的工作流程应包括四个阶段：决策阶段、实施阶段、评估阶段、退出阶段。外包的成功与否，很大程度上取决于是否能实现全流程的动态规范化管理。因此，建立完善的人力资源外包流程，实行动态规范化管理，有助于对不同阶段的风险进行管控和规避。

（一）决策阶段

旅游中小企业在进行人力资源外包时，应审慎选择外包的内容，并重视外包商的选择。

（1）审慎考虑外包项目。根据旅游中小企业核心业务和管理发展的需要，定位企业的核心竞争力，明确外包目的，做好分析评估工作，选择适合外包的内容，避免外包涉及企业商

业秘密等核心业务。经验表明，员工职业生涯规划、企业文化建设、人力资源规划等增值性工作不适合外包；而员工招聘、员工培训拓展、员工档案管理等非增值性的工作则可考虑外包。但这也应当建立在旅游中小企业充分研究自身优势劣势的基础上，充分评估企业所处的行业状况、发展阶段、企业规模等因素，综合判断是否适合外包，避免涉及企业商业秘密或威胁核心业务的竞争能力。

（2）挑选合适的外包服务商。旅游中小企业在进行外包服务商选择时，应有详细的目标计划，广泛搜集外包服务商信息，建立数据资料库，重点对外包商的专业背景、服务客户群体、专业水平、服务质量、财务状况、可靠性、服务价格等方面进行全面综合的了解，选择实力雄厚、信用良好的公司。由于企业与外包服务商不属于隶属关系，还应与外包服务商签订外包合同，以便约束双方行为，保证外包质量。外包合同的内容应注意约定好双方的具体业务、服务价格、权责范围、期限、进度、预期目标、违约条款及争议解决机制等各项内容。涉及企业核心利益或商业机密的，还应补充专门的保密条款对双方行为加以限制。

（二）实施阶段

在外包实施过程中，旅游中小企业应当保证自身的参与度和监控能力。人力资源业务外包，虽然一定程度上减轻了企业的负担，但也应做好人力资源部门在企业中的定位。为保证外包的效果，同时保持和提高人力资源管理能力，旅游中小企业应指派具体人员参与外包方案的执行：一方面可以使企业员工参与外包项目，与外包商之间进行交流学习，提高自身业务水平和管理水平；另一方面企业可以随时了解项目进展，对相关问题和潜在风险及时察觉并做出反应，以此达到强化自身能力和实施监控的双重目的。同时在实施过程中，双方还应加强联系，做好沟通，做好激励，形成利益共享、风险共担的利益共同体。

（三）评估阶段

人力资源管理外包之后，旅游中小企业人力资源部门除根据企业定位开展工作外，还需承担对外包项目进行评估的职能，对项目执行情况进行检查和反馈，及时发现外包过程中存在的问题，并采取相应措施加以解决。同时根据双方合同约定，对外包商履行合同情况及员工对外包商提供服务的满意度进行考核评估，并及时反馈，督促外包商不断提升和完善服务。

（四）退出阶段

旅游中小企业外包服务的开展，使外包商收集了企业的相关数据，建立了相关的数据库。当外部客观环境和企业实际需要发生改变时，需要与外包商解除合作关系。旅游中小企业必须建立完善的退出机制，并妥善处理好可能因此带来的一系列问题，如责任的清偿、企业信息保护等问题，要确保企业利益不受损害。

总而言之，人力资源管理外包的优越性在很大程度上解决了旅游行业中小企业资源限制的困扰，但其本身存在的缺陷又给企业带了隐患。在整个人力资源外包过程中，旅游中小企业如果能够在决策阶段、实施阶段、评估阶段、退出阶段做到审慎选择外包的内容、选择合适的外包商、签订完善的外包合同，并不断参与，积极沟通，加强过程控制，进行动态规范管理，就可以很好地规避风险，实现降低管理成本、转变人力资源管理战略职能以及集中资源发展核心竞争力的目标。

本章小结

当前社会企业之间的竞争更多表现为人才的竞争和科技的竞争，企业要保障人才竞争优势和科技竞争优势，必须要落实好人力资源管理工作。人力资源管理作为企业管理的重要组成部分，其作用和价值突出。旅游中小企业要重视人力资源管理工作，并通过有效的策略推动人力资源管理工作创新，使企业的经营能力和竞争能力得到显著提升。本章首先介绍了人力资源管理的概念与内涵，人力资源管理思想的发展演进，进而提出现代人力资源管理的特征以及人力资源管理主要内容；其次，结合我国旅游中小企业人力资源管理实际，分析其存在的主要问题，提出解决对策；再次，提出我国旅游中小企业人力资源管理优化策略；最后，研究未来人力资源管理的重要趋势——外包模式，分析其优点、缺点和主要流程。通过本章内容，为我国旅游中小企业人力建设发展提供参考借鉴。

本章的主要知识点：人力资源管理、人事管理、人力资源规划、员工招聘、员工培训、薪酬管理、绩效考核、外包模式。

复习与思考

1. 简述人力资源管理的概念。
2. 简述人力资源管理思想的发展演进。
3. 简述人力资源管理的主要内容。
4. 简述我国旅游中小企业人力资源管理现状。
5. 简述我国旅游中小企业人力资源管理优化策略。
6. 简述人力资源管理外包模式的优缺点。
7. 简述人力资源管理外包模式的流程。

第八章　旅游中小企业财务管理

学习目标

通过本章的学习，学生应掌握企业财务管理的概念，了解企业财务管理的主要内容，掌握企业财务管理的主要目标，以及影响企业财务管理的主要因素；了解我国旅游中小企业财务管理现状，尤其是存在的问题以及优化策略；了解我国旅游中小企业面临的融资难题，影响企业融资的主要因素，能够灵活应用企业融资管理策略。

第一节　企业财务管理

一、企业财务管理的概念

企业财务管理是在一定的整体目标下，关于资产的购置（投资），资本的融通（筹资）和经营中现金流量（营运资金），以及利润分配的管理。企业财务管理是通过价值形态对企业资金运动进行决策、计划和控制的综合性管理。

西方财务学通常由公司财务（Corporation Finance）、投资学（Investment Principles）和宏观财务（Macro Finance）三大领域构成。其中，公司财务在我国常被译为“公司理财学”或“企业财务管理”。虽然财务本身不能创造价值，但是财务管理却是关系企业经营效益的核心部分。而且，财务部门直接向企业管理层提供一手信息，是一个隐性的管理部门，任何企业都应该重视财务管理工作。

二、企业财务管理的主要内容

第一，根据企业的实际情况和市场需要，采取财务管理、信息管理等多种方法，注重企业经济的预测、测算、平衡等，求得管理方法与企业需求的结合。

第二，明晰市场发展方向。一切目标、方法要通过市场运作来实现，市场是竞争地，企业财务管理体系的运作要有的放矢，适应和驾驭千变万化的市场需求，以求得企业长足发展。

第三，会计核算资料。企业的会计数据及资料是企业历史的再现，这些数据和资料经过整理、计算、分析，具有相当的借鉴价值，因此，要务求会计资料所反映的内容真实、完整、准确。

第四，社会诚信机制。要求具体的操作和执行者在社会经济运作中遵纪守法，严守惯例和规则，不断树立企业诚实、可靠的信誉，绝不允许有半点含糊，企业诚信度的高低预示着企业的发展与衰败。

总之，企业财务管理目标是企业组织财务活动、处理财务关系所要达到的根本目的，它决定着企业财务管理的基本方向，是企业财务管理工作的出发点。企业财务管理目标从它的演进过程来看，均直接反映着财务管理环境的变化，反映着企业利益集团利益关系的均衡，是各种因素相互作用的综合体现。

三、企业财务管理的主要目标

（一）股东利益最大化

股东利益最大化是指通过财务上的合理经营，为股东带来最多的财富。股东是企业的所有者，股东创办企业的目的是创造财富，投资收益回报包括获得股利和出售股权换取现金。

（二）企业价值最大化

企业价值最大化是指通过企业财务的合理经营，采取最优的财务政策，充分考虑货币的时间价值和风险与报酬间的关系，在保证企业长期稳定发展的基础上使企业总价值最大。财务管理目标与多个利益集团有关，财务管理目标是这些利益集团共同作用的结果。

（三）经济增加值最大化

企业财务管理目标应当具有系统性、相关性、可操作性和效率性，企业经济增加值最大化是同时满足以上财务管理目标特征的最优选择。

（四）资本可持续有效增值

企业资本可持续有效增值是企业理财的理性选择，企业资本可持续有效增值可通过上述财务指标体系来体现。通过这一系列的指标分析，评价企业的经营状况，从而判断企业是否达到了财务管理目标或财务管理的水平如何。

（五）资本配置最优化

经济体制、企业组织形式、理财观念的新变化对企业的财务目标产生巨大影响，在当前新的经济条件之下，企业财务管理应该追求资本配置的最优化。

四、企业财务管理的主要影响因素

（一）财务管理主体

财务管理主体是指企业的财务管理活动应限制在一定的组织内，明确财务管理的空间范围。由于自主理财的确立，使得财务管理活动成为企业总体目标的具体体现，这为正确确立企业财务管理目标奠定了理论基础。

（二）财务管理环境

财务管理环境包括经济环境、法律环境、社会文化环境等财务管理的宏观环境，以及企业类型、市场环境、采购环境、生产环境等财务管理的微观环境，财务管理环境是影响财务管理目标的主要因素之一。

（三）企业利益集团的利益关系

企业利益集团是指与企业产生利益关系的群体。现代企业制度下，企业的利益集团已不是单纯的企业所有者，影响财务管理的利益集团包括企业所有者、企业债权人、政府和企业职工等，不能将企业财务管理目标仅仅归结为某一集团的目标，而是各种利益集团的利益博弈。

（四）社会责任

社会责任是指企业在从事生产经营活动获取经济收益的同时，还应当承担相应的社会责任。企业财务管理目标和社会责任客观上存在矛盾，承担社会责任可能会减少企业利润。同时，企业财务管理目标和社会责任也有一致性。首先，企业承担社会责任大多是法律所规定的，如消除环境污染、保护消费者权益等，企业财务管理目标完成必须以承担社会责任为前提；其次，企业积极承担社会责任，为社会多做贡献，有利于树立企业良好形象，实现企业的财务目标。

第二节 我国旅游中小企业财务管理现状

财务管理的目标是旅游中小企业采取相应措施配置资金、优化资源，以此提高财务运行的效率。财务管理对企业经营具有重要价值，越来越多的旅游中小企业开始着眼于自身全面财务管理，并引进信息化手段辅助财务管理。

一、旅游中小企业财务管理的价值

随着我国经济实力的不断增强，各行各业呈现出前所未有的生命力，尤其是中小企业如雨后春笋般迅速发展。我国中小企业占到全国经济总量的一半以上，中小企业强力推动了国民经济的持续快速增长。然而，我国中小企业的发展生命周期过短，其黄金发展期往往只有一到两年，其平均寿命多在五年以内，影响其生命周期很重要的因素就是企业财务管理。因此，必须依照科学规律进行企业财务管理。

当前，旅游中小企业面临的市场竞争越来越激烈，因而有必要关注自身财务运行，选择与之相适应的财务管理模式与管理流程。财务管理对于旅游中小企业至关重要，既可以使旅游中小企业管理者明晰当前的资金流向，从而把握现阶段的整体财务运行；同时，完善的财务管理举措还能提升旅游中小企业的竞争实力，避免出现破产或者经营不善的状况。

二、我国旅游中小企业财务管理面临的难题

（一）规避风险及风险管控能力不足

规避风险以及控制风险意识是影响旅游中小企业生存发展的根基。很多旅游中小企业缺少风险管控意识，经常忽视企业面临的各类风险。例如，有些旅游中小企业没有妥善监管日常性的应收账款，表现为薄弱的企业存货控制。究其原因，就在于企业仅限于增加市场份额或者提升销售额，却并没能致力于回收各项账款。除此以外，有些旅游中小企业的资金可能较多地用于企业存货，从而阻碍了企业的资金流转。

（二）滞后的财务管理模式

至今，仍有许多旅游中小企业依赖传统的家族式经营管理模式。在此状态下，企业可能仅限于单一的企业投资者、企业管理者以及企业经营者，从而表现为合一的日常经营以及企业融资状态。管理者局限于自身的管理经验，因此在面对多变性、复杂性市场经营环境时难以应对，仅限于记录现有的企业财务账目。可见，现阶段仍有许多旅游中小企业停滞于简单化的传统模式阶段，财务管理缺少要素创新。

（三）缺少健全、规范的财务管理体系

企业财务管理要变得科学高效，必须依赖健全规范的财务管理流程。旅游中小企业与大型旅游企业相比，其内部制度大多是不成熟的，更无体系可言，如果企业不具备成熟的财务管理体系，极有可能陷入财务困境。从目前情况来看，仍有许多旅游中小企业缺乏健全、规范的财务管理流程。旅游中小企业通常规模较小，企业会计和企业出纳同时归属于某个单一的管理者，由此引发多种财务管理难题。情形严重时，甚至无法顺利周转资金，使企业陷入财务困境。

（四）财务管理人员业务水平不高

当前我国旅游中小企业财务管理水平普遍低下，许多企业都存在一人身兼数职的情况，有些企业甚至没有专门的财务部门，缺乏专业的人才培训，由此造成企业财务管理中种种弊端，使企业的财务管理水平不断下降，财务状况持续下滑，不仅无法保证预期的利润率，更有甚者会出现亏损，直至被市场淘汰。我国旅游中小企业财务管理人员在专业知识上，特别是在先进经营理念与管理经验上非常匮乏，其还没有形成管理体系的思维，也就无法落实体系管理。甚至有些思想上没有资产与负债的概念，融资思想淡薄。还有些旅游中小企业法人代表与管理层理念落后，决策层只关注企业眼前利益，轻视不良资产与负债对企业发展的消极作用，从而进一步增加风险威胁，降低企业抵御风险的能力。

三、我国旅游中小企业财务管理优化策略

（一）强化企业财务管理重要性思想认识

旅游中小企业要转变现存对财务管理的不当认识，应意识到企业财务管理的重要性、紧

迫性。作为管理者要与时俱进，全面更新当前的财务管理理念。同时，旅游中小企业也应当逐步摸索并且尝试探究全新的财务管理流程，通过模式创新增强财务运行的实效性。当前已有许多旅游中小企业对资金配置给予更多关注，同时也在逐步优化现存的资金配置模式。企业在优化配置各项日常资金的基础上，可以提高资金运行效率，拥有更优的财务运行状态。此外，在涉及财务投资时，旅游中小企业也要预先判断市场潜在风险，并运用风险管控举措拟定谨慎的投资对策，稳步提升企业利润。

（二）强化财务风险管控意识

旅游中小企业的财务风险管控水平影响着企业的经营发展。如果要将企业的财务管理水平提升到一个新高度，首先需要提升财务管理人员的风险识别与风险管控意识，然后才能将风险控制手段与措施不断升华，保证企业的财务管理成效。企业还应该与时俱进，重视财务管理软件的开发与应用，只有熟练掌握并灵活运用这些软件，才能不断提升企业的竞争力。此外，企业还要重视企业的商业机密，不断加强保密手段，对于涉及机密的信息要时刻保持警惕，防止由于泄密导致企业陷入被动局面。

（三）创建多层次财务管理体系

旅游中小企业应当创新体系化的财务管理模式，针对与之有关的财务管理流程予以优化和改进。旅游中小企业在现阶段应当健全相关的财务管理体系与管理机制，从而服务于财务管理整体水平逐步提升。在具体实践中，旅游中小企业有必要创建多层次的财务审核、财务预算以及财务决算机制，同时还需妥善保留各项相应的财务资料。在全面施行监督的思路下，旅游中小企业就可以拥有完整的财务管理体系，从而推动企业全方位的发展。

（四）着重培养财务管理人员的业务能力

由于规模的限制，旅游中小企业与大型企业相比存在天然的劣势，因此更应注重通过培训等手段提升管理人员的管理水平。提升内容包括个人的管理水平以及个人与团队的合作能力。财务管理的独特性使其与其他管理相区别，各种形式的培训与考核可以稳步提升相关管理人员的水平。包括增强意识、提升水平、增强技能，从而保证企业财务管理与时俱进，增强企业的竞争能力。旅游中小企业要重视企业财务管理，使其具备相应的独立性，着重选拔具备丰富财务知识与财务技能的人才，保证企业财务管理沿着正确的方向前进，不断提升其专业化水平。

（五）完善财务管理制度

制度的完善程度影响着企业的管理质量。对于财务管理部门来说，一定要对部门职责范围内的具体工作有清楚的认识，明确财务部门的具体定位，不断改进企业财务管理系统，提升财务管理质量。对财务管理系统内工作岗位明确分工，通过高素质的核算团队进行账目核算，进一步遏制各类错账、坏账的发生，改进资金运转效率。财务管理系统是一个庞大、复杂的运行体系，有其独特的运行原理。作为财务管理人员不但要知其然还要知其所以然，建设并运行一个完整成熟的财务管理系统，是企业做好财务管理工作的基础与前提。完整成熟的财务管理系统一定要自上而下建立，企业高管必须起到带头的榜样作用，提升企业在财务管理方面的凝聚力。除此之外，要加强同行业交流，为整个行业创造良好发展氛围，保持行业良好的发展前景。

我国正处于经济高速增长时期，旅游中小企业面临着机遇与挑战并存的市场环境。无论是从企业财务管理部门的角度，还是站在金融财务的角度，旅游中小企业财务管理都要彻底扭转传统落伍的管理理念，以先进理念加强企业财务管理软环境建设，不断进行技术练兵，提高财务管理实务能力，提升企业财务管理水平，使旅游中小企业在未来的市场竞争中立于不败之地。

第三节　旅游中小企业融资策略

一、旅游中小企业的融资问题

自市场经济改革至今，我国中小企业蓬勃发展，为国民经济的发展和税收贡献巨大，同时也为社会提供了诸多就业机会。中小企业是我国经济增长的主要推动力，也是市场经济发展的必然趋势，但是由于政府支持力度不够等原因，中小企业发展面临较大困难。例如，我国旅游中小企业普遍存在着经营规模较小、资本实力不足、风险意识淡薄、资本结构不合理的现象。

（一）融资困难

目前我国旅游中小企业的资本结构普遍不合理，自有资金较少，负债规模过大，筹资成本高，财务风险大。由此导致企业信誉普遍偏低，银行对旅游中小企业的长期信贷支持不够。同时，为旅游中小企业贷款服务的中介机构不健全，缺乏专为其贷款服务的金融中介机构和贷款担保机构。由此可以看出，融资和担保问题仍然是制约旅游中小企业发展最突出的问题。

（二）缺乏科学的投资决策能力

企业投资主要分为外部财务投资以及内部生产运营投资。在对外投资决策过程中，由于旅游中小企业自身规模小，融资困难，投资活动应追求短期目标。由于内部自有资金较少，外部融资往往依靠银行短期贷款，面临的风险大，管理者大多目光短浅，希望尽快回本，较少考虑长期利益，企业规模难以扩张。同时，由于企业并未事先对投资项目可行性进行合理分析，又存在信息不对称等问题，企业投资活动存在盲目性风险。缺乏科学的投资决策能力是制约旅游中小企业发展的又一问题。

（三）财务制度不完善

为了扩大市场份额，一些旅游中小企业经常盲目赊销，导致应收账款比例增大。由于在销售时并未对客户的信用资质进行深入调查，对其企业运营状况和偿债能力缺乏了解，经常导致大量坏账损失的产生。这样一来，企业自有资金较少，财务风险增加，速动比率和流动比率以及偿债能力较弱，企业存在破产风险。财务控制薄弱、内部制度不完善是制约旅游中小企业发展的重要问题。

（四）资本结构不合理

企业资本结构主要是指企业自有资金、债务融资、股权融资所占的比例。但是由于旅游中小企业融资行为不科学、投资决策盲目、管理层目光短浅等原因，企业资本结构不合理现象在我国中小企业中普遍存在。不合理的资本结构不仅不能有效发挥企业的财务杠杆作用，还会为企业带来财务风险，甚至可能使企业陷入破产境地。

二、旅游中小企业融资的影响因素

（一）外部因素

1. 国家政策

在我国特殊的国情之下，旅游中小企业的生存发展深受国家各类经济政策影响。国有企业在体制改革前就一直受到政府的高度重视，相对而言，虽然中小企业一直被认为是未来推动我国国民经济的巨大动力，但国家在许多方面并未予以重视和鼓励，其发展受到很大的阻力。

2. 银行融资渠道的流畅性

旅游中小企业的贷款规模相对较小，贷款成本高，致使金融机构对其融资不加以重视。而银行借款对于大部分中小企业来说是首选的融资渠道，各商业银行由于体制问题、效益问题、信贷风险问题等一直对小企业的关注度不够，以致出现中小企业在各商业银行企业客户总量中占比率较高，但是占贷款总额比率却偏低的情况。

3. 金融体系的完善程度

许多企业选择通过上市渠道进行融资，但从我国目前的情况看，上市融资的高门槛也使很多旅游中小企业望尘莫及，这也是我国证券市场和金融体系不完善的表现。中小企业资金有限、信誉度低，很难满足金融机构的贷款条件，而从其他等渠道借款，利率要高出很多，用资费用也大大提高。

（二）内部因素

1. 管理层风险管理意识

我国许多旅游中小企业管理者往往缺乏风险管理意识，认为只要把生产环节做好就有经营利润，随之就能避免企业内部出现财务风险。一些旅游中小企业在风险管理中很少考虑资本结构投入与投资回报等的问题。企业也没有专门建立对运营投资活动的相关风险管理机构，所以无法对运营风险进行防范和控制，这些都加大了企业运营风险发生的概率，进而加剧了企业破产的可能。

2. 内部财务关系

我国旅游中小企业管理体制还不够完善，企业决策多依靠高层管理人员的主观臆断，缺乏民主性，缺少科学合理的分析。再者中小企业的内部控制体系还不完善，管理阶层的约束机制以及对于企业的监督与审计都没有力度，在企业内部资金的使用及管理方面还存在很多的漏洞。各个部门职责不清，管理混乱，使得企业对于资金的使用效率低。

3. 企业资本结构

我国旅游中小企业中普遍存在着资产负债率过高的问题，短期负债比例较高，资金分配利用不合理，投资回报率低，项目投资决策不合理；且利息费用支付较多，而相应收益减少，自有资金跟不上，导致企业财务风险大，偿债能力较差等困境，加剧了流动负债的偿还风险，运营效率大大降低。

三、旅游中小企业融资问题的防范与控制

（一）政府部门政策扶持，商业银行转变观念

首先，我国政府各级部门应在考虑我国基本国情的前提下，积极借鉴发达国家和地区的成功经验以支持旅游中小企业的发展。例如，政府可以出台相应贷款比例限制，规范金融市场放贷政策，正确公正评估企业价值，认真对待企业贷款要求。政府可以在有利于国家经济稳定发展的条件下放宽中小企业融资的渠道，如成立中小企业基金，给予中小企业一定的优惠政策，并合理引导民间借贷机构的发展，使之逐步正规化。商业银行也应当转变经营观念，把中小企业作为新的业务增长点，把业务发展目标的重点逐渐转向中小企业。

（二）提高风险管理意识，慎重选择融资方式

我国许多中小企业之所以经营状况停滞不前，一个重要原因是未能树立正确的风险管理意识，大部分企业属于风险厌恶型，收益率受到影响，企业规模一直保持低水平。应该强化企业财务人员的风险意识，花最小的成本获取最大的收益，在实践工作中合理执行规避财务风险的决策。通过分析企业投资失败的案例，发现在项目总投资估算、效益分析上都存在着问题。首先，应及时组织相关专业人员进行市场调查，编制项目可行性分析报告，准确预测投资项目前景；第二，经全面可行性分析的项目在投产后，企业应在这个过程中，不断进行评估与预测，及时调整相关战略。

（三）建立企业财务风险预警机制和内部控制制度

首先，对于企业内部控制制度的设计与制定，考虑引进外部管理咨询公司参与制度设计，以保证相关政策制定的客观性与合理性；其次，完善的内部控制制度必须通过高效的实施发挥作用，管理层要采取相关措施保障制度的实施，并设立监督、考核机制；再次，要注重硬件设备的配置，积极向优秀企业学习管理经验，对内部员工进行培训；最后，各个企业应该制定适合自身经营管理状况的内部控制制度，并积极对相关管理人员进行培训，制定相关激励政策，全面调动各方人员的参与积极性。

四、旅游中小企业投资项目管理

（一）做好投资项目的前期调查

1. 进行市场调研分析

市场调研分析的目的是基于对市场的全面考察，寻找适合企业自身条件的投资项目。在充分调研前，不应当先入为主地先行构思投资内容，应当以企业的自身条件作为限制性参考因素来排除不适合的投资内容，否则调研工作的方向和考察内容或许会受到主观意识的影响，从而让调研结果有失真实性与全面性。市场调研分析应分为宏观市场调研、区域市场调研、客户需求分析等几个方面，力求呈现完整且充分的消费市场现状。

2. 进行企业调研

企业调研应当重视对当前财务状况的系统分析，对企业今后发展的战略性定位分析应结合市场现状和企业自身的实际情况确定明确的商业定位以及市场的总体形象。

3. 进行行业及竞争分析

行业分析主要为业态分析、业种组合分析、主流商品功能设计分析以及主要品牌的分布分析，从而帮助企业发现潜在的竞争对手并提前预知竞争态势。

（二）项目方案的分析测算

项目方案的测算方法就是运用一系列科学的手段对项目有关的工程技术、经济、社会等方面进行调查、研究、分析，推算出项目所需成本的手段。项目方案的测算方法有很多，如成本建模技术、专家判定技术、类比评估技术、工作结构分解、功能分区及各功能构成等，逐层对成本进行分配。方案测算是项目实施以后开展成本控制工作的基础，也是充分保障投资项目达成预期收益的重要一步。可以通过建立一支高素质的投资决策分析人员队伍，引进专业的管理团队、提供专业的投资意见及实施方案等，解决投资项目决策分析测算人员专业知识不足、缺乏投资经验的问题。

根据企业经营者所要求的项目收益及回报率，预测项目利润及现金流量。在决定投资项目之后，企业要尽快收集相关的项目信息，了解项目在市场上的投资水平，根据同行业、同时期或者类似的项目情况做出相关的项目收益回报、利润测算及现金流量分析，形成完整的投资测算报告。根据基本的资料数据，对投资项目做好收益利润的测算，给企业经营者提供清晰完整的投资测算报告。

（三）开展项目方案风险预估

首先，预测风险及规划。风险预估的目的是有效防止风险，所以风险预测及规划十分重要，要根据投资项目的所在行业、投资者自身情况以及市场情况等方面进行综合分析，并通过经验借鉴、理论分析、同行业数据参考等手段进行预估风险的识别与分类。其次，要对风险的严重程度进行切实评价，根据风险对投资项目所造成的影响程度进行等级划分，从而找到最关键的影响因素及风险，并就此结合企业自身及行业情况进行风险应对措施的制定。对项目方案测算结果做出风险预估，把握企业经营决策者的投资风险承受度，根据企业经营者的风险承受能力来确定项目实施的方案并报给投资决策者，测算项目高风险和低风险状态下的投资结果。既然是投资必定伴随着风险，所以，项目测算应该从高风险到低风险对测算结果做出预估，尽可能考虑到将对决策产生影响的因素，制定一个风险预估清单，把在不同条件下的投资方案罗列出来，供企业经营者做出投资决策。

（四）强化实施阶段的过程管理

决策实施后就进入到真正的项目投资实施阶段，这个阶段就要求严格投资过程管理，对投资过程进行管理监督，包括项目预算、合同管理、监督跟踪、风险控制。其中，重要的项目预算环节中只有牢牢把握项目预算，将投资过程依据项目预算执行，通过过程监督、信息反馈、预算调整等方式使项目投资不偏离预算，进行有效的控制策略和控制措施，把投资风险降低。例如，将预算按投资项目分类，每个项目建立台账、编制项目投资预算表，预算表里有投入、成本、利润明细，在实施时把每阶段完成情况与项目预算表进行对比，分析每个计划投资环节与实际完成环节是否达到预期目标，从而确定能否进行下一步的投资、项目是否按照预算顺利进行，找出偏差、分析原因，修正投资行为，分析对后续投资项目的影响程度，力争在投资的各个环节把握风险、及时化解风险，保证投资的顺利完成。

（五）及时总结项目投资的经验

投资经验总结是投资项目管理的最后部分，它不仅能够让企业及时发现问题、解决问题，同时，也能够为今后的投资项目决策及管理提供经验与参考。在完成项目投资并且投资回收完成后，将投资预算与投资成果进行对比，计算项目收益与预算偏差，找出存在偏差的原因，总结项目投资的经验。分析在投资过程中哪些环节做得比较好，哪些环节没有达到预期目标，影响投资收益的因素出现在哪些环节，仔细分析原因，将成功的经验和失败的经验整理成备忘录，做出总结和有针对性的效果评价，为以后的项目投资行为确立标准。有明确的投资成功经验或者将失败经验放在企业经营者面前，会对今后的项目投资行为建立风险目标，促进企业投资管理水平的提升。

综合以上分析因素，企业项目投资是汇集宏观经济环境、市场环境以及企业内部管理环境的综合业务工作，企业的长远发展离不开成功的项目投资。这就需要在不断发展的经济社会及市场环境中，提升旅游中小企业的投融资管理水平、管理质量和持续发展能力。

本章小结

财务管理直接影响企业的盈利能力，财务部门也是企业经营管理的核心部门。随着我国社会经济的发展以及经济体制改革的不断深入，传统的财务管理模式已经不能适应新的时代背景下的发展要求，财务管理制度改革迫在眉睫。本章首先介绍了企业财务管理的基本知识，包括企业财务管理的概念、主要内容、主要目标，以及影响企业财务管理的主要因素；然后介绍了我国旅游中小企业的财务管理现状，包括存在的问题，并提出相应的优化策略；最后，讲述企业财务管理的重要内容——融资管理，分析了我国旅游中小企业面临的融资难题，影响融资的主要因素，并提出相应的融资管理策略。

本章的主要知识点：财务管理、企业财务管理的主要内容、企业财务管理的目标、企业财务管理的影响因素、企业财务管理面临的难题、企业财务管理优化策略、融资管理、融资管理策略。

复习与思考

1. 简述企业财务管理的主要内容。
2. 简述企业财务管理的主要目标。
3. 简述企业财务管理的主要影响因素。
4. 简述我国旅游中小企业财务管理面临的难题。
5. 简述我国旅游中小企业财务管理优化策略。
6. 简述融资管理的概念。
7. 简述我国旅游中小企业融资管理策略。

第九章　农家乐经营管理实务

学习目标

通过本章的学习，学生应了解农家乐的基本概念、发展历史与分类标准；了解我国农家乐蓬勃发展的原因，发展过程中存在的主要问题，并能够掌握应用农家乐经营管理优化策略；更重要的是掌握应用农家乐经营管理技巧，尤其是能够掌握应用农家乐经营的基本原则、农家乐定位与选址、农家乐人力资源管理、农家乐宣传促销等内容。

第一节　农家乐发展历程

一、农家乐的概念

农家乐是一种追求健康、回归自然的休闲方式。农家乐以农村生产过程、农村风貌、农民劳动生活场景、农村民风民俗等为主题的一种农业休闲旅游的模式。农家乐是进入 21 世纪后，特别是最近几年我国新兴的旅游产业形式，是我国社会主义新农村经济、文化产业的一种新形式。

狭义概念：从购买者的角度来讲，农家乐是指游客在农家田园寻求乐趣，体验与城市生活不同的乡村意味。从经营者的角度来讲，农家乐是指农民利用自家院落所依傍的田园风光、自然景点，以低廉的价格吸引市民前来吃、住、玩、游、娱、购的旅游形式。

广义概念：农家乐不仅包括狭义的农家乐，还包括林家乐、渔家乐等形式。这种形式可以定位为休闲类，旅游主题既是民俗旅游又是生态旅游，是农业经济与旅游的结合。它是以城郊农民家庭为依托，以田园风光和别有情趣的农家生活为特色，吸引市民来此休闲度假、观光娱乐、体验劳作的一种新型旅游活动。

二、农家乐的发展历史

（一）国外农家乐的发展历程

“农家乐”旅游的雏形来自国外的乡村旅游，并将国内特有的乡村景观、民风民俗等融为一体，因而具有鲜明的乡土烙印。同时，农家乐也是人们旅游需求多样化、闲暇时间不断增多、生活水平逐渐提高和“文明病”“城市病”加剧的必然产物，是旅游产品从观光层次向较高的度假休闲层次转化的典型例子。

乡村旅游在国外已有 30 多年的历史，开展得比较成功的是一些欧美发达国家。20 世纪 60 年代初，当时的旅游大国西班牙把乡村的城堡进行一定装修改造成为饭店，用以留宿过往客人，这种饭店称为“帕莱多国营客栈”；同时，把大农场、庄园进行规划建设，提供徒步旅游、骑马、滑翔、登山、漂流、参加农事活动等项目，从而开创了世界乡村旅游的先河。以后，乡村旅游在美国、法国、波兰、日本等国家得到倡导和大发展。1996 年，美国农村客栈总收入为 40 亿美元。1997 年，美国有 1 800 万人前往乡村、农场度假，仅在美国东部便有 1 500 个观光农场，在西部还有为数众多的专门用于旅游的牧场。目前，法国有 1.6 万多户农家建立了家庭旅馆，推出农庄旅游，全国 33%的游人选择了乡村度假，乡村旅游每年接待游客 200 万，能给农民带来 700 亿法郎的收入，相当于全国旅游收入的 1/4。在欧美国家，乡村旅游已具有相当规模，并已走上了规范化发展的轨道，显示出极强的生命力和巨大的发展潜力。

（二）国内农家乐的发展历程

我国农家乐最初发源于四川成都，都江堰市的青城山以及郫都区、温江区等地。后来发展到整个成都平原，四川盆地，直至全国。真正以“农家乐”命名的乡村旅游始于 1987 年，在休闲之都——成都郊区龙泉驿书房村举办的桃花节。这次桃花节把农事活动、乡村田园风光、乡土民俗文化、乡村民居和聚落文化与现代旅游度假、休闲娱乐相结合，形成了一种全新的旅游形式。概括而言，我国农家乐兴起于 20 世纪 80 年代，发展于 20 世纪 90 年代，规范于 21 世纪初。回顾我国农家乐 30 多年的发展历程，大致可以分为三个阶段。

第一个阶段：兴起培育阶段。20 世纪 80 年代初，随着我国改革开放和国外发展农业旅游的影响，一些地区农业经营的观念发生了变化，对农业旅游的功能有了崭新的认识，并开创性地开展了农业旅游活动。但这个阶段从整体看具有自发性和盲目性发展的特点。

第二个阶段：鼓励发展阶段。20 世纪 90 年代，农家乐旅游才开始进入正式的发展阶段。1996 年，胡锦涛同志前往成都郫都区农科村视察时，对该村发展的农家乐给予了高度评价，他说这是建设社会主义现代化农村的一条很好的道路。因而这个阶段的农家乐已逐步由农民自发组织过渡到有领导、有组织的规划发展阶段。

第三个阶段：规范发展阶段。21 世纪以后，农家乐开始进入大众视野，人们热衷于在农家、乡村进行休闲旅游。这个阶段农家乐的经营从自发性逐步发展到规范化、标准化，其环境也从脏、乱、差逐步发展到整洁、安全、绿色，娱乐项目也从一般娱乐发展到文化、生态内涵的各种形式的展示，服务卫生设施也从过去的不完善、低水平逐步向较完善、较高水平发展。

任何一个新事物的成长都是需要各界的支持和帮助，我国农家乐的发展特点是速度快、分布广、类型多。农家乐经历的这几个阶段是社会经济发展必然的产物，但同时也需要政府、社会、群众的大力支持，这样农家乐才能可持续发展。由此可见，农家乐旅游是乡村旅游的一种形式，它是传统农业与旅游业相结合而产生的一种新兴的旅游项目。

第二节 我国农家乐发展现状

一、农家乐兴起的原因

（一）对传统的饮食文化的追求

从餐饮旅游业发展规律看，人们对事物的追求是从简单到复杂，从一般到综合，从单一到多样。回归自然生态的饮食结构和饮食方式，是吸引着很多游客前去体验的重要原因。

（二）人们对生活环境质量的更高追求

现在的城市居民生活和工作压力大，生活节奏快，情绪波动较大。去农家乐不仅可以体验农家生活，放松心情，缓解压力，更能够暂时脱离城市里的烦扰。同时，保持较好的农村生态环境，可以让游客体验更加新鲜的空气和自然环境。

（三）城镇化进程的影响

20 世纪 80 年代，大量农村人口进城务工，目前这部分人群逐渐成为消费的主力军。他们有着浓厚的乡土情结——回归农村，体验住农家屋、吃农家饭、干农家活、享农家乐的民俗风情，找回昔日的生活场景，也是主推农家乐发展的一个重要原因。

（四）农村产业升级的必然要求

在农村精神文明建设的创新活动中，从美化农家生活环境、让农民美起来、让农民生活乐起来，在较短时间内取得了明显成效。近年来大量从城市返回农村和大中专毕业学生纷纷投入到乡村振兴和自主创业中来，使农家乐这种投资小、见效快、绿色、生态环保的经营模式越来越受到大家的欢迎和喜爱，也是我国经济社会发展到一定阶段的必然需求，并在实践中逐渐提炼出了“农家美、农家乐”的概念。

二、农家乐的分类

近年来不同的旅游学者和乡村旅游专家对农家乐做了不同深度的研究和理解，针对我国农家乐发展的现状，为了更好地开展研究和对现有农家乐发展给予理论指导，我们对农家乐可用不同的标准进行分类。

（一）常见分类标准

1. 按区域位置分

按区域位置，可将农家乐分为景区周围边沿型、老少边贫地区型、城市郊区型。

2. 按资源和市场的依赖程度分

按资源和市场的依赖程度，可将农家乐分为资源型、市场型、中间型。

3. 按地理位置分

按地理位置，可将农家乐分为城市郊区型、边远型、景区周围边沿型。

4. 按资源基础分

按资源基础，可将农家乐分为观光娱乐乡村游、民俗文化乡村游、劳动教育乡村游。

5. 按投资主体分

按投资主体，可将农家乐分为农民自己投资、外来投资、联合投资。

6. 按旅游经历类型分

按旅游经历类型，可将农家乐分为休闲娱乐型、观光型、民俗农事参与型、学习型等。

7. 按乡村特点分

按乡村特点，可将农家乐分为乡村自然风光旅游、农场或农庄旅游、乡村民俗旅游和民族风情旅游。

8. 按景点开发类型分

按景点开发类型，可将农家乐分为田园观光型、乡村科考型、乡村参与型和乡村度假型。

9. 按游客的旅游目的分

按游客的旅游目的，可将农家乐分为观光型、休闲型、体验参与型、度假型、游乐型、商务会议型、品尝型、购物型、研究型和综合型。

10. 按旅游活动类型分

按旅游活动类型，可将农家乐分为观赏游览型、参与交流型、产品提供型、休闲度假型和农田文化型。

11. 按科技含量分

按科技含量，可将农家乐分为现代型和传统型。

12. 按旅游对象分

按旅游对象，可将农家乐分为田园型、居所型和复合型。

13. 按旅游者需求行为分

按旅游者需求行为，可将农家乐分为田园观光型、科考科普型、休闲度假型和体验参与型。

14. 按从业性质分

按从业性质，可将农家乐分为农家乐、林家乐、渔家乐、牧家乐、副业工艺农家乐。

15. 按特色主题分

按特色主题，可将农家乐分为果乡农家乐、花乡农家乐、茶乡农家乐、酒乡农家乐、水乡农家乐等。

16. 按民族性质分

按民族性质可以分为汉家乐、苗家乐、侗家乐、白家乐、彝家乐等。

17. 按功能分

按功能，可将农家乐分为观赏性农家乐、品尝性农家乐、购物性农家乐、务农性农家乐、娱乐性农家乐、疗养性农家乐、度假性农家乐、科普教育性农家乐。

（二）热点类型农家乐

根据农家乐对资源依赖性大、游客大多来自城市及其周边地区的特点，结合旅游资源和地理位置可以把农家乐划分为以下几种形式：

1. 田园风光型农家乐

田园风光型农家乐是指以优美的乡村田园风光吸引游客前来旅游的农家乐。如广西富川县秀水村农家乐、云南罗平县农家乐等。

2. 民俗文化、特色民居型农家乐

民俗文化、特色民居型农家乐是指以各具特色的当地民俗文化和民居吸引游客的农家乐。如贵州郎德上寨的民俗风情农家乐、广西阳朔特色民居农家乐等。

3. 观光农业型农家乐

观光农业型农家乐一般在城市郊区，是提供学习农业知识、体验农耕文化和参与农事劳动的农家乐。如四川成都龙泉驿书房村农家乐、上海郊区高科技农业示范园等。

4. 城市近郊休闲娱乐型农家乐

城市近郊休闲娱乐型农家乐一般在城市近郊，交通方便，提供舒适的食宿服务，娱乐设施齐全。这类农家乐只提供娱乐休闲服务，没有相应的景点可供游览。如四川成都近郊农家乐、云南昆明西山区近郊农家乐等。

5. 景区周边食宿接待型农家乐

景区周边食宿接待型农家乐一般位于著名景区周边，为游客提供简单的食宿服务和当地特产的农家乐。如湖南张家界景区周边农家乐、四川九寨沟景区周边农家乐等。

三、我国农家乐发展的社会经济效益

（一）增加农民收入，提高农民生活水平

农家乐这种以农村休闲为主要内容的旅游形式，虽然在中国的发展历史并不长，但是由于其所具有的独特魅力，自产生之日起就一直倍受城市人口喜爱。在部分城市郊区，如北京郊区农村、成都近郊、重庆南岸区等地，农家乐已形成规模，成为当地都市人节假日、周末休闲娱乐的重要旅游形式。而且，农家乐旅游的经济效益也逐渐显现出来。例如成都市所辖20个区（市）县农村现有农家乐休闲旅游点达5 000家以上，年接待游客达1 500万人次，年收入达10亿元以上，年收入占农业总产值的5%以上，有效地带动村民脱贫致富。

（二）调整农业产业结构

农家乐旅游是农业产业改造与产业升级的重要途径。我国传统农业以种植养殖为主，经

济效益较低，经营风险较大。开展农家乐旅游，可以大幅提高农业经济效益。从整个社会经济发展的角度看，农家乐旅游不仅对第三产业中的商业、饮食服务业的发展具有极大的促进作用，而且能带动一、二产业的发展，从而带动整个地区产业结构调整与优化。

（三）有利于提高劳动者素质和缩小城乡差别

农家乐对农业生产和经营管理提出了更高要求，既需要有掌握农业科技的工程技术人员，更要有高层次、复合型的管理人才。这些高素质人才的传播、带动及与都市游客的交流、学习，可以提高农村劳动者素质，造就一代高素质的新型农民。同时，通过其示范和推广作用，能够带动整个社区农业和农村经济发展，缩小城乡差别。作为城市化与农村的结合，农家乐逐渐使农村人过上城市人的生活。可以说，生活设施公共化、生活服务社会化、生活方式现代化在农家乐已现端倪，这有利于推进农村城市化进程。

（四）有效地缓和农村剩余劳动力问题

旅游业属于劳动密集型产业，农家乐发展需要提供一系列服务项目，不仅需要导游、管理人员、服务人员，还需要住宿、饮食、商场、交通、文化等行业，能吸收利用大量劳动力就业。根据乘数效应理论估算，旅游业每创造 1 个直接就业机会，将产生另外 3 个间接就业机会，这将在一定程度上解决农村剩余劳动力问题。

（五）促进观念转变，推动农村精神文明建设

农家乐旅游是新的思想观念的“催化剂”。旅游不仅带来了人流、物流，还带来了意识流、思想流。旅游开发不仅给旅游地经济发展注入巨大的生机活力，还给旅游地带来了全新的思想观念。另外，农家乐旅游为农村带来了全新的服务观念，大大增强了当地居民的文明意识，促进了农村地区的精神文明建设。

四、我国农家乐发展存在的主要问题

（一）产品与服务项目单一

目前，我国农家乐开发普遍较为粗放，农家乐休闲方式单调，只能提供食宿、停车、棋牌、卡拉 OK，实际上只能叫“农家餐旅馆”，农家乐只是游客在农村大环境下游赏风景的一个驿站。多数游客在农家乐的主要活动为麻将，农家乐又有“乡村麻将馆”之嫌，其活动项目品位不高，文化内涵不够丰富。由于农家乐旅游项目单一，旅游服务有限，难以满足游客全方位、多层次的需要。

（二）食品安全问题较为突出

不少旅游者乐于在旅游中选择“吃农家饭、品农家茶”，很多旅游者甚至现场购买“农家乐”里饲养的猪、羊、狗、鸡、鸭等畜禽，要求现场宰杀后烹饪。这种做法实际上隐藏着不少问题，现场宰杀的畜禽几乎是没有经过检验检疫部门的检疫，其中暗藏的疾病，游客和经营者是无法分辨出来的。而“农家乐”中的厨房、碗筷也缺乏正规的消毒措施，没有卫生防

疫部门的监管，很难达到与城镇餐馆相提并论的消费要求和卫生标准。有的经营点甚至还出售明令禁止销售的野生保护动物，如野猪、蛇类、青蛙等动物。

（三）人身安全问题令人担忧

由于大多数“农家乐”规模较少、基础设施落后，安全保障设施较为不足。“农家乐”不少是村集体或私营业主自行开发的，旅游景区的设置、安全设施的规划甚至连最基本的导向指示牌也没有，让游客进入其中就像是无头苍蝇瞎转悠，人流量大的时候较为危险。有的“农家乐”连相关的管理制度和注意事项也没有，甚至还出现游客被狗咬伤、被猫抓伤的事件。

（四）服务水平有待提升

由于缺乏规范管理，多数农家乐服务质量都没有保障。道路基础设施不完善，上菜速度慢，卫生环境较差，缺少厕所，缺少停车位、停车场等问题较为突出。

乡村旅游虽是一个新兴的朝阳产业，但总体上还是一个尚未规范、管理滞后的市场。应加强监管和规范，促进市场稳定、有序和健康地发展。

五、农家乐服务质量提升措施

（一）组织推动

组织推动包括景区推动，以重点旅游景区为核心，带动、辐射和吸收周边乡村的农民参与旅游的接待和服务。

（二）政府推动

政府推动即由政府主导进行乡村旅游的规划设计，投入资金，开发核心景区景点，吸收社会资金投入，鼓励和引导农民参与旅游接待服务。

（三）公司推动

公司推动即以“公司+农户”的经营方式，出台优惠政策，引进有经济实力和市场经营能力的企业，改善基础设施建设和环境，指导、组织农民开展地方风情、渔耕文化、农耕文化等旅游活动。

（四）精心规划

精心规划即注重整体性和连续性，充分考虑地方的自然风貌及特点和文化特性；同时监管好乡村旅游、农家乐等的细枝末节，强化对旅游从业人员和乡村旅游集体的培训、教育，提高其服务素质和水平，提升服务品牌和形象。

（五）突出特点和自身优势

突出特定和自身优势包括突出乡村的地域风情、传统文化优势，挖掘古村、古镇、古迹、典故等文化内涵。突出体现地域特点，在建筑、饮食、生活、农耕乃至旅游活动的设计等方面，尽可能地体现出地域风情、风貌、生活习俗等特色。同时，还要着重考虑突出绿色、环保、休闲、娱乐等特点。

（六）以“农”为根

农民要通过自家的良田、果园、庭院、鱼塘、牧场等展示农村风貌、农业生产过程、农民生活场景，通过展示吸引旅游者；餐饮接待设施可利用自家的宅地和现有生活设施改建而成，要充分体现农村、农业、农家、农民的乡土气息。由于“农家乐”已经成为品牌，很多开设在城里的餐饮服务设施也大打“农家乐”品牌，实际上同真正的“农家乐”相去甚远。

（七）以“家”为形

“农家乐”应该以家庭为单位，不求全、不求大，其形应该体现出“家庭”的形态。既然是“家”，其规模就应该适度，不应贪大。发展应该特色化，不应大众化。所以，“家”是农家乐的载体，无家不以成“农家”。

（八）以“乐”为魂

“乐”要利用“三农”做文章，设计参与性强的项目，简单的农事、农活，如采摘、推磨、苗木盘扎等。以乐为魂就是要发扬光大“农家”的文化内涵，深入挖掘，突出特色，做出项目，如农民喜闻乐见的花灯、皮影戏、山歌、龙狮、地花鼓、踩高跷、讲故事等，使“农家乐”旅游充满魅力，实现可持续发展。

第三节　农家乐经营管理理论与实务

从具体经营角度来考虑，经营好一家农家乐，首先要明确农家乐开办的原则是什么，靠什么吸引人。其次，地理位置选择、设施设备筹备、人力资源管配备和培训等也是开设一家农家乐的必备条件。

一、农家乐经营管理理论

（一）农家乐的开办原则

开办农家乐应遵循以下原则：

（1）以市场为导向与以效益为中心的原则；

（2）瞄准方向与慎重定位的原则；

（3）因地制宜与突出特色的原则；

（4）开发与保护协调的原则；

（5）瞄准起点与逐步推进的原则。

（二）农家乐开办的步骤

开办农家乐的步骤如下：

（1）市场调研，形成开办意向；

（2）总体策划，形成开办思路；

（3）总体规划，形成开办方案；

（4）方案论证，形成可行性分析；

（5）办理各种手续，依法经营；

（6）项目设计，形成操作方案；

（7）项目实施，形成开办成果。

（三）农家乐的文化定位

（1）突出建筑和装饰风格的乡土风情。

（2）突出游乐项目的乡土风情。主要包括：游乐要有乡土特色；发掘传统乡土文化资源；突出饮食服务乡土味，包括全生态的乡土绿色食品，以及浓郁的乡土服务风格。

农家乐的文化定位要突出地域文化、民族文化和现代文化。其中，对于民族文化要挖掘当地的风俗民情，大力弘扬特色文化，增强民俗文化的参与性，创新民俗文化商品。

（四）农家乐的地理位置选择

1. 农家乐选址的原则

农家乐选址应遵循以下原则：

（1）城乡接合处原则；

（2）在经济预算适当和人事关系优的区域。

2. 农家乐位置的具体选择

具体选择农家乐位置时，以下位置可供参考：

（1）旅游景区附近；

（2）生态环境优越的地方；

（3）文化景观独特的地方；

（4）观光休闲农业园区；

（5）交通便利的地方。

二、农家乐经营管理实务

（一）基本设施设备筹备

（1）房屋。

（2）庭院。

（3）池塘、稻田、果园、林地等。

（4）客房。

（5）厨房。

包括肉食、蔬菜加工设备，主食加工设备，油炸设备，中餐灶、煤气灶、蒸汽烹调设备，烘烤箱，冷冻设备，洗碗机，搅拌机，抽油机等。

（6）卫生设施。

（7）运动场地、娱乐设施。

（8）餐厅设施设备。

包括餐桌、餐椅、酒柜、储藏柜、消毒柜、空调等。

（9）库房设施设备。

包括冷藏库、酒水库、干货库等。

（10）小型用具。

包括筷子、刀叉、各式盘子、各式酒杯等餐厅用具，铁锅、各式勺子、网筛、铁叉、蒸笼等厨房用具。

（11）其他设施设备。

包括洗衣机、吸尘器等清洗设备，干粉灭火器、泡沫灭火器、二氧化碳灭火器等消防设备，音响设备，空调设备等。

（二）人力资源的配备

1. 经营管理者

（1）经营者首先是决策者，要对农家乐功能、文化定位有决策能力，对农家乐资金投入、使用有决策能力。

（2）经营者要有领导素养，要有指挥、控制组织实施工作的管理组织能力，有较强的语言表达能力，遇事冷静、有较强的自我控制能力，思维敏捷、决策果断、性格外向。

（3）要有一定的知识素质，要了解当地地理环境、民风民俗，具备一定的法律、法规素养。

2. 厨房工作人员

厨房工作人员包括厨师、面点师、冷菜制作人员、墩子人员、炉灶人员。

3. 服务人员

服务人员包括餐桌服务人员、收银员、清洁员。

4. 其他人员

其他人员包括客房服务人员、维修工、安保人员以及与游乐项目有关的其他人员。

（三）农家乐经营手续办理

农家乐的经营需在相关部门办理许可证后才能合法营业，一般需办理以下几种证件：

（1）工商营业执照；

（2）卫生许可证；

（3）税务登记证；

（4）排污许可证；

（5）消防许可证；
（6）文化经营许可证；
（7）从业人员健康合格证。

（四）农家乐经营管理

1. 农家乐宣传

农家乐宣传包括：
（1）人员推销；
（2）营业推广；
（3）旅游广告；
（4）旅游公共关系；
（5）散发旅游宣传品；
（6）赠品销售；
（7）价格折扣；
（8）现场示范；
（9）展销；
（10）旅游公关。

2. 农家乐经营策略

农家乐经营策略包括：
（1）塑造优美环境，包括外部环境、营业环境、经营环境和停车环境。
（2）打造独特的服务项目，包括特色项目、特色餐饮、热情的服务和独特促销手段。

3. 农家乐经营诀窍

农家乐经营诀窍包括：
（1）定位于大众消费；
（2）突出一个"农"字；
（3）创造农家乐的主打菜肴；
（4）自然纯朴的亲情服务；
（5）经营方式灵活多样。

4. 农家乐基本服务规范

工作职责要求包括按规定自查仪容仪表，准时上岗；认真阅读交班记录，完成上一班未完成的任务；热情接待各方来宾，为客人提供良好的服务。在服务过程中要做到"三轻""三不计较""四勤""四不讲"：

（1）"三轻"：走路轻，说话轻，操作轻。

（2）"三不计较"：不计较客人不美的语言，不计较客人急躁的态度，不计较个别客人无理的要求。

（3）"四勤"：嘴勤、眼勤、腿勤、手勤。

（4）"四不讲"：不讲粗话，不讲脏话，不讲讽刺话，不讲与服务无关的话。

☞ **拓展学习**

与客人交谈使用的“十类”基本礼貌用语

一、问候用语

“您好!”“早上好!”“×××，早上好!”“晚安”等。

注意事项：

1. 服务人员应主动向宾客问候；

2. 如果宾客不止一人时，服务人员进行问候时，可采取“统一问候”“由尊而卑”或“由近而远”的原则进行问候；

3. 不宜使用非正式的问候用语。

二、迎送用语

“欢迎光临!”“欢迎您的到来!”“再见”“慢走”“走好”“欢迎再来”“一路平安”等。

注意事项：

1. 在宾客再次到来时，应记住对方，以使对方产生被重视之感；

2. 在使用欢迎用语时，还必须同时向宾客主动施以注目、点头、微笑等见面礼。

三、请托用语

请求宾客帮忙或是协助工作时使用的专项用语：“请”“请稍后”“打扰”“劳驾您”等。

注意事项：

在服务工作中，服务人员不管是需要理解还是寻求帮助，都要诚恳地使用请托用语。

四、致谢用语

“谢谢!”“谢谢，郑小姐”“非常感谢!”等。

注意事项：在下列情况下，服务人员应及时使用致谢用语：获得宾客帮助时、得到宾客支持时、赢得宾客理解时、感到宾客善意时、婉言谢绝宾客时、受到宾客赞美时。

五、征询用语

“需要帮忙吗？”“您需要什么？”“您打算预定…还是预定…”等。适用于服务过程中，服务人员以礼貌的语言主动向宾客进行征询。

注意事项：以下五种情况时，服务人员应当采用征询用语：主动提供服务时、了解对方需要时、给予对方选择时、启发对方思路时、征求对方意见时。

六、应答用语

“好”“随时为您效劳”“这是我的荣幸”“没有关系”等。应答用语适用于服务过程中，服务人员回应宾客的召唤，或是在答复其询问。基本要求是：随时随答、有问必答、灵活应变、热情周到、尽力相助、不失恭敬。

七、赞赏用语

“太好了”“十分漂亮”“您的观点非常正确”等。

注意事项：使用赞赏用语时，应少而精，恰到好处。

八、祝贺用语

在服务过程中，服务人员有必要向宾客适时地使用一些祝贺用语。包括“祝您好运”“身体健康”“新年好”“节日愉快”“生日快乐”等。

九、推托用语

在解释原因或是回绝对方时，一定要讲究方式方法，要做到语言得体，态度友好，理由充分，以淡化宾客的失望情绪。包括“您不再要点别的吗？”“我们这里规定，不能乱开发票”等。

十、道歉用语

适用于在服务过程中，因种种原因给宾客带来不便，或妨碍、打扰对方时。包括“抱歉”“对不起”“请原谅”“不好意思”“多多包涵”等。

本章小结

发展“农家乐”旅游不仅可以丰富旅游活动内容，而且可以扩大旅游容量，带动农业产业结构调整和使农民增收致富，促进农村经济社会的发展。农家乐由于所需资金、技术、人力门槛较低，是旅游行业创新创业的重要领域。本章首先介绍了农家乐的基本概念、国内外农家乐发展历史；其次分析了我国农家乐蓬勃发展的原因、农家乐常见分类标准、农家乐发展过程中存在的问题，并提出相应优化措施；最后提出了农家乐经营的基本原则、农家乐定位和选址、农家乐人力资源管理、农家乐宣传促销等内容。

本章节的主要知识点：农家乐的概念、农家乐的发展历史、农家乐的分类、农家乐的发展困境、农家乐的优化措施、农家乐的经营原则、农家乐的选址定位、农家乐人力资源管理、农家乐宣传促销。

复习与思考

1. 简述农家乐常见的分类。
2. 简述国内外农家乐的发展历史。
3. 简述我国农家乐蓬勃发展的原因。
4. 简述我国农家乐发展过程中存在的问题。
5. 简述我国农家乐发展过程中的优化措施。
6. 简述农家乐经营的基本原则。
7. 简述农家乐的选址要求。
8. 简述如何在家乡所在地开办一家农家乐。

第十章　民宿客栈经营管理实务

学习目标

通过本章的学习，学生应了解客栈的基本概念，客栈的发展历史，特别是中华人民共和国成立以来民宿客栈发展的状况。通过对民宿客栈主题的选择、民宿客栈的选址、民宿客栈的安全管理以及民宿客栈的员工管理等内容，使学生学会如何经营管理民宿客栈。

第一节　客栈的发展历史

一、客栈的概念

客栈是古代酒店的称号，人们在出外远行时便会找地方住宿，而提供这些地方供人暂住的就称为客栈。客栈是为了满足人们外出郊游或远行的需要而出现的设备较简陋的旅馆，有的兼供客商堆货并代办转运。2017 年 12 月 1 日，《公共服务领域英文译写规范》正式实施，规定客栈标准英文名为 Inn。客栈为古代酒店的称号，是为了满足人们外出郊游或远行的需要而出现的。现代民宿客栈是利用民居、农事、景观等资源建立的个性化经营项目，形成一个以特色旅馆业为基础，包括茶楼、展览、作坊、民艺、酒吧等休闲业态体。民宿旅游是依托当地特色乡村资源，以乡村家庭为接待单元，为城市旅游者提供住宿、餐饮、农业体验和文化交流的小规模旅游服务业态。民宿客栈最大的特点就是具有浓郁的乡村气息，凭借着乡村独特的自然景观或者人文景观对城市居民开放的一种娱乐休闲活动。客栈是为减少商业旅馆的大规模建设导致的资源浪费而利用自用住宅或者租赁当地居民的空闲住宅，结合自身的文化理念和发展理念，为旅游者提供一个温馨的休憩场所。

二、客栈的发展历程

（一）古代客栈的演变

古代旅馆在各个时期的称谓也不尽相同。商朝后期，为适应走南闯北的商贾的食宿需要，一批“客舍”“客馆”相继出现。秦汉时期设立的“驿传”则是专供传送邮件公文和来往官员居住的旅馆名称。

汉代，旅店又有了较大发展，长安城里修建有 140 多所“郡邸”，还建造了“蛮夷邸”专供外国使者和商人食宿。除了官办宾馆外，城市旅馆、家庭旅馆都出现了。当时城里的“谒舍”，就是一种城市旅馆，这种城市旅馆数量很多，分布广泛，多供做小生意的普通人士入住，《汉书・食货志》中谓“方技、商贩、贾人坐肆、列里区谒舍”，就是这个意思。而官办普通旅馆称为“传舍”，服务稍好，专用于接待“官差”。

魏晋时期，中国的旅馆业被进一步提倡，旅客外出住宿更为方便。晋潘岳在《上客舍议》中记述，当时“公私满路，近畿辐辏，客舍亦稠”，交通发达的路边，靠近京城的地方，旅馆很多。晋代京都到各州的驿道每 40 里有“驿”，每 20 里有“亭”，不仅供过往官吏食宿，而且也对百姓开放，这就有一点商业旅店的性质了。

南北朝时，出现了一种新兴的旅馆——邸店，它是供客商食宿、存货和交易的场所。其时，洛阳还开设有“四夷馆”，招待四邻各国的贡使和客商。

“旅馆”之称最早出现于唐代，唐代诗人戴叔伦的《除夜宿石头驿》写道：“旅馆谁相问，寒灯独可亲。一年将尺夜，万里未归人。”

到了宋代，旅馆名称繁多，有四方馆、同文馆、来宾馆、都亭驿等，并出现了专为客商存货的货栈“榻房”。唐宋以后，旅馆的分工和接待对象的划分更明确，各地出现了专门接待学子的“状元店”“高升店”。有专门接待商人的“广源店”“万隆店”；有面向杜甫这样一直很忙且四处游山玩水的“驴友”和一般游客的“悦来店”“吉顺店”等。

至于品牌宣传，古代没有连锁酒店直销渠道，要靠口碑传播。古代旅馆早已充分考虑了硬件建设，让客人入住后更觉舒适，以增加客人来源。《上客舍议》称，“冬有温庐，夏有凉荫”，这里的“温庐”相当于现代配有暖气的房间，“凉荫”则是纳凉休闲去处。客栈，其实也指以住宿为主的地方，可现代人把住的地方大多称为宾馆酒店，为何在有些地方却又称为客栈呢？其实，客栈对现代人来说是比较文艺的一种叫法罢了，也是为了融合某些地方的气氛，如那些具有古代气氛的旅游城市，如云南大理古城，又如拉萨的一些老城区，这些地方很多住宿的地方就称之为客栈。

在西方，中世纪后期，因为商业贸易日益蓬勃，远行贸易的商人越来越多，而至世界各地传教的传教士、朝拜的信众、与别国进行交涉的外交官员、传递信件的邮差的数量亦不断增多，客栈的数量随之而增。因为当时人们远行主要是靠步行或是乘马车，因此，客栈主要出现于道路或驿站旁。初时，客栈只供应基本的食宿，让旅客可以有落脚的地点，并没有提供消遣服务。

到了大航海时代，客栈的规模开始扩大，部分客栈已能提供 30 多间客房，并设有酒窖、食品室及厨房，满足客人更多的需求。而且环境亦开始改善，在客栈旁设有花园及草坪，内设有宴会厅和舞厅，迈向现代化。

不过不论怎样变化，客栈的建筑大多为原木建筑，这是客栈在人们心中的一个鲜明形象。但整体来说，古时的客栈声誉很差，往往被人们认为是为了糊口谋生的人才干的低级行业。客栈内亦不安全，常常有不法之事发生，如抢劫、打架、聚赌等。过去，我国民间一向把旅馆叫作“客栈”或“栈房”，把住宿叫作“写号”或“打铺”。亦如理发店门前有红白色旋转灯柱作为标志一样，客栈也有它的标志，那就是悬挂在屋檐下的长方形白纸灯笼。灯笼两面一般都写有联语，最常见的是“未晚先投宿，鸡鸣早看天”。入夜，灯火闪亮。旅客远远看见，便知来到了打点住宿之处，那一刻，所有身心的疲惫就顿然消减了。

（二）中国旅游客栈发展历史

中国的旅游业是随着改革开放而开放的行业之一。那个时候，人们对旅游的认知就是旅行社和星级宾馆，所以酒店业也是随着改革开放而大规模兴起。改革开放以来，我国实行对外开放经济政策，促进了我国旅游业的发展，中国饭店业迎来了发展的第一个春天。1982 年北京建国饭店引入第一家国际酒店管理集团——香港半岛集团，一批合资的经典酒店腾空出世。

1984 年，国务院颁发了《推广北京建国饭店经营管理方法的有关事项》，全国掀起学习“建国”的热潮。同年，上海锦江（集团）联营公司成立，中国饭店集团化进入探索阶段。1984 年假日集团入驻中国，1985 年国际酒店集团——雅高进入中国，此后国际酒店集团纷纷进入中国。

1993 年 7 月 29 日，为了扶植我国饭店管理公司的发展，国家旅游局颁布了《饭店管理公司暂行办法》。

1998 年 8 月 22 日，国家旅游局发布了《中华人民共和国旅游涉外饭店星级标准》。此后在 1993 年、1997 年、2003 年和 2010 年对该标准进行了四次修订。其中 2003 年第三次修订，增设了“白金五星级”作为酒店的最高星级，中国饭店国际化程度进一步提高。

随着饭店国际化进一步加大，国内的酒店越来越多，截止到 20 世纪 90 年代末，全国共有星级饭店 3 856 家，仅在国家旅游局登记注册的本土酒店管理公司就已多达 39 家，像北京建国、南京金陵、中粮凯莱、北京中旅等本土酒店集团都是在此期间创建的。这些本土酒店集团或公司与国际酒店集团或公司逐渐形成平分天下的格局。同时，中国酒店人开始探索在国际化中加入中国元素，并创造差异化竞争优势。继而出现了以锦江之星和如家快捷为代表的驰名国际的本土经济型酒店品牌，出现了以天津泰达和浙江开元为代表的“酒店+房地产”的拓展模式，出现了以“首旅”和“海航”为代表的多元化国际旅游集团。

客栈作为“度假”的实物载体，所提供的将不只是“住”的功能这么简单。住不同的客栈，体会“生活在别处”的新鲜、放松、舒展、安静祥和。这种生活是跟日常生活完全不一样、“非常态”的；不是因为去某地游玩、商务而客观需要的暂时栖身之地，是人们希望体验，而主观选择的一种休养生息方式。在这种前提下，“住”反而是被弱化的功能，客栈的气场、情调、氛围等一切能让人身心舒展、有别于日常生活感受的元素，才是它最大的意义。

三、国内外民宿客栈发展经验

（一）日本民宿客栈发展经验

日本民宿的起源是由一些游泳、登山、滑雪等爱好者向当地的居民租借民居发展起来的，所以民宿的位置大多数是在山水奇险之地。后来这些逐渐地被开发形成旅游观光景点，导致民宿的慢慢兴起。根据昭文社 1997 年 4 月出版的《全国民宿》记载，截至 1970 年，日本的民宿已经达到了 2 万多家。

1. 日本民宿的特色：许可+体验+自营

日本的民宿，都是将自有的房舍原封不动或者改建后就进行自主经营。民宿的经营者和服务人员也基本上都是自家人。另外在日本从事民宿行业，都必须向所在地的市镇乡村的相关部门提出申请，只有达到经营许可的条件，才能在所在地区从事经营活动。最重要的是，为吸引游客，每到一段时间，民宿经营者都会为游客提供专属的体验“菜单”，体验项目主要是当地居民的农作业和生活技术，诸如民俗体验、渔业体验、农业体验、加工体验、林业体验等。

2. 日本民宿的发展思路：简约+多功能+原生态

日本的民宿主要分为农家民宿和公寓民宿两种。从日本民宿的分类来看，农家民宿主要是农民开发利用自家的住宅民居并提供相应服务设施，基本上都是以体验农村文化、观赏农村风光为主。而公寓民宿则是对城市居民的房产地区的房产进行租赁或者购买，然后对住宅进行理念上的改造。但是日本民宿过分强调塑造文化，当然同时也体现出了朴实无华的设计风格。同样，日本民宿体现出的原生态环境和浓郁的家庭气息，给游客带来了不同的居住体验。

3. 日本民宿的经营理念：规范化+永续性发展

日本政府为了帮助民宿旅游的发展，制定了有关的民宿经营管理办法和民宿的评选条件。成立民宿组织协会，对内指导新开的民宿，形成行业规范；对外向游客推荐住宿，向政府和社会申请更多的优惠政策，扶助民宿行业的发展。同时在民宿的经营过程中，充分分享当地的各种资源，让来自各地的游客体验当地的生活、了解当地的文化、认识当地的产业，更能够感受到当地人们的热情。只有彼此欣赏、互相分享才能营造良好的气氛，才能留得住客人。

综上所述，日本民宿的发展经验总结为以下三点：一是传统乡村意向的保留；二是丰富多彩的体验；三是法规条例的规范。

（二）我国杭州民宿客栈发展经验

近几年，全国民宿业如雨后春笋般火热发展，杭州便是其中的杰出代表之一。尤其是 G20 峰会的成功举办，更是让全世界重新了解了“杭州”这座名城。2016 年之后，杭州民宿经营户有 2 885 户，床位超过 5 万张，解决就业人数 3 万人，每年经营收入超过 20 个亿。

1. 杭州民宿的特色：档次多元+经营主体多样+类型多样

杭州民宿的特色可以总结为三点：一是经营主体多样化。有的是农村居民自己经营；有的是工商资本家投资雇佣他人经营的；有的是公司加农村居民共同经营，也就相当于建立一个民宿合作社，然后再邀请专业的公司团队来经营。二是档次多元化。杭州的精品民宿可以分为三种，即高档民宿、中档民宿、低档民宿。到目前为止，高档的精品民宿的比例为 5%。三是类型的多样化。目前，杭州的民宿主要有四种类型：野趣山居型、杭韵水乡型、诗意田园型、都市风雅型。

2. 杭州民宿的发展思路：政策支持+人才培养+城乡融合

浙江的民宿旅游产业发展较为快速，尤其是成功举办 G20 峰会后的杭州。例如 2007 年的，《浙江省农家乐经营户（点）旅游服务质量星级评定办法》，2016 年浙江省正式出台的《关于确定民宿范围和条件的指导意见》对民宿的各个方面都进行了详细的规定，有利于民宿相关部门的监督。而科学规划、规范管理、有序发展是民宿繁荣的关键因素，所以必须通过专业培训与交流探讨，加强对民宿旅游从业人员业务能力的培养。与此同时，应通过全日制教育体制培养相关人才，为民宿旅游业输送年轻的专业人员。交通是制约旅游业发展的主要瓶颈。所以政府部门想方设法地利用各种渠道，改善民宿旅游的交通条件。通过引进中高档的旅游车辆，更新交通工具，加强运输管理，为游客提供安全、舒适、优质的服务。

3. 杭州民宿的经营理念：新媒体+跨区域+精品民宿

随着互联网和移动互联网新技术的发展，杭州的民宿经营者转变观念，充分发掘利用“互联网+民宿”的模式，运用微信、携程、去哪儿、淘宝旅行等旅游 O2O 新媒体平台，以网络互动的形式，分阶段持续促销，策划新奇好玩的旅游产品，为游客带来不同寻常的体验。杭州是我国精品旅游景区密集度最高的区域，并且杭黄高速公路沿线分布着许多民宿旅游点，所以杭州民宿整合京杭大运河的旅游资源，实行联合营销推广，打造了全新的精品路线。特色是生命力，差异是竞争力。所以杭州民宿以当地的农业资源、风土人情，凸显了民宿的文化特色，用“特色”来吸引游客，着重树立民宿的品牌形象。

综上所述，杭州民宿的发展经验总结为三点：一是坚持多主体经营，民宿类型多样化；二是政府大力支持，集中建设精品路线；三是利用新媒体技术，跨区域联合营销。

第二节　民宿客栈经营管理实务

一、民宿客栈概况

（一）民宿客栈的特征

“客栈”既区别于商务酒店和快捷酒店，又涵盖其传统接待客人的意义。从广义上来看，“客栈”具有以下特征：

（1）规模不大（总客房数小于 100 间）；

（2）价格区间在当地住宿行业中属于中下水平（很多客栈有多人间，类似学生宿舍，以单个床位出售）；

（3）装修带有一定的当地特色（如物业为当地特色建筑、装修采用当地民俗风格等）；

（4）经营项目及服务富有当地特色（不提供一次性洗漱用品、自助服务等）。

在某些旅游城市，“客栈”甚至成为一种文化现象，如大理、丽江、腾冲、厦门、杭州等城市，很多旅行爱好者、文艺工作者都会聚集在各种客栈中，交流各种心得、增长见识。在这些地方中，丽江的客栈文化又尤为灿烂，整座古城近 2 000 家客栈，在国内乃至世界应是少有的。

（二）民宿客栈的经营管理特色

1. 经营模式多样化

民宿不仅仅只是为了住宿，也不是为了住宿专门居住的房屋。大多数都是利用空余的自用住宅，来为有特殊需求的旅客提供住宿。但也有一些民宿是工商资本家投资，雇佣他人来进行经营的。

2. 经营方式个性化

民宿客栈通常是在建筑或者装修风格上具有比较浓郁的当地特色或者主人家的个人理念。一般来说，会提供自主烧烤、采摘农作物、集体娱乐休闲活动等具有体验性的自助式项目。民宿的存在，类似于“我”在乡村的家，需要具备一定的舒适感和温馨感。

3. 经营氛围亲密化

因为民宿本身的特征，使得入住的旅客有一种到朋友家做客的亲密感。与民宿主人一起吃、一起玩，让游客有许多的交流时间，能够了解当地居民的风土人情、生活喜好。所以民宿能够将城市与农村融为一体，促进人与人之间的关系更为亲密。

4. 营销方式自传播

民宿的经营者，通常是利用“互联网+”、微信公众号等相关媒体将民宿的具体信息进行传播，或者是通过来往住客的好评，促使其周围的人群前来消费以及入住。

5. 结合产业多样化

民宿可以通过延伸，以多种产业进行结合，赋予其不一样且长久的生命活力。例如与亲子培训机构合作，制定生活技能培养项目和素质教育，如种植、收割、捕鱼等，宿营地、树屋、帐篷屋、房车、野炊等，与记忆营、效率营、写作营、速算营等合作，针对性地将这些团队以班级为单位来制订团队消费计划，避免民宿的淡季来临。

（三）民宿客栈的分类（表 10.1）

表 10.1　民宿客栈的分类

类型	特点
赏景型民宿	结合自然景观或者精心规划的人工造景，如万家灯火的夜景，满天星斗、庭院景观、草原花海或高山大海
农业体验型	以农、林、畜牧业为基础，以吃、住、娱、休闲、度假为一体的综合型场所。在传统的农业乡村中除提供农村景观、体验农果园之外，还有农业生活相关的体验活动，配套观光园、茶园等
民俗体验型	以地理人文景观为特色，为游客提供休闲度假场所
度假休闲型	海滨、草原、海岛、森林、雪山、温泉等拥有独特旅游资源的地方，可以满足游客回归自然，放松身心的需求
艺术体验型	民宿本身体现出强烈的店主风格，有较多设计元素，能给用户带来猎奇心理，或提供一些个性化产品或体验活动的地方。由经营者带领游客体验各项艺术品制作活动，游客可以亲手创造作品，体验乡村或现代艺术文化飨宴
自助体验型	强调自助互助实惠、不浪费，以社群生活和文化交流著称。顾客多为背包客、夫妻或结伴而行的游客

二、民宿客栈的规模与主题选择

（一）民宿客栈的规模

民宿客栈经营首先需要确定客栈的主题与规模。一般的客栈在城市、景区等地方，小的客栈有 3～5 个房间，大的客栈甚至有几十间房间。先确定好规模才能做后续的工作，因为只有在客栈规模确定之后，才有可能去合适的地段寻找合适的房屋。

（二）民宿客栈的主题

1. 民宿客栈主题的概念

主题客栈的定义是展示某种文化特色的客栈或宾馆。在实践中，主题客栈必须通过特色文化来凸显、来支撑市场，文化主题一定要有差异性，切忌重复和随大流。因此，寻找特色文化、挖掘特色文化、设计特色文化、制作主题产品和服务，是客栈管理者最重要、最具体、最花心思和精力的大事。

2. 民宿客栈主题选定的基本原则

民宿客栈主题的确定应满足以下四个基本条件：一是适应市场需求；二是根植于本土文化；三是融合企业文化；四是串联相关产业。此外，一个成功的主题不应该是单一的主题，应该在总体主题的引领下，形成针对细分市场需求的分主题系列，使客栈的客户群不因主题而被拒之门外。

3. 民宿客栈的主题建设

在确立主题之前，要注意所选择的文化主题与当地环境相协调。在一些形象突出、历史文化底蕴丰厚的城市，过于异类的主题会对城市形象造成冲击，在形象推广中会产生互相抵消的效果。然而在那些文化单薄、经济发达的城市，或者文化比较多元化的城市，主题的选择有较大空间，而且对于创造城市文化和树立城市形象起到重要作用。同样，过于专业、狭窄和离大众消费较远带有猎奇色彩的文化，都是不宜拿来做主题的。

确定客栈主题的同时要考虑客栈的功能性需求，客栈的功能只是人们的基本需求，消费是理性的。同时，感觉上的满足才是高层次的需求，消费往往是感性的、随性的。社会的发展与进步，制造出了越来越多为感觉而买单的消费者，从时下奢侈品消费的兴盛、手机与汽车的频繁更换等迹象，也可以透视这种消费变化的趋势。

为功能性客栈附加一个主题，制造出一个概念。首先，在宣传营销上会有别于一般的酒店，为领先酒店的发展提供了基础。但一个成功的主题客栈不仅仅是创造出一个概念那么简单，要使主题名副其实，乃至让主题串联一个产业，形成超附加值，则要深入研究客栈的区位及其文化底蕴、市场需求、酒店投资、企业文化等因素，使客栈的主题融入区域文化环境之中、融入客栈投资企业文化之中和旅馆的心境及感官体验之中。

其次，在主题确定后，就要确定建筑形态，如城堡形、碉楼形，还是帆船形、塔形等；然后就是内部装饰的确定，主要在细节上见真功，如在床单、窗帘、灯具、茶具、座椅、电话，乃至卫生间等细节都注意主题元素的融入。

三、民宿客栈选址

民宿客栈的选址要求周围环境干净卫生、空气清新、无噪声污染，最好周边的绿化较好、建筑物美观。民宿客栈周围环境的经济特性直接影响客栈的经营，必须根据其特性做出相对应的对策。例如，对商业区、商务区、工业区、大学区、娱乐区或住宅区等不同特性的区域，以及它们不同的规模和档次，民宿客栈要采用不同的经营策略。概括而言，影响民宿客栈选址的因素主要包括以下几点。

（一）区位竞争因素

民宿客栈的经营在相当大的程度上取决于它的地理位置，以及与旅游区、交通干线、城市中心、工业区的关系。因此，必须分析民宿客栈所在地的社会、经济、文化与旅游环境。同时，也必须考虑竞争与需求情况。民宿客栈地理位置的不同，往往决定了适于建设何种类型的民宿客栈。民宿客栈可以根据其所在的地点区分为城市中心客栈、近机场的郊区客栈、公路沿线客栈、海滨客栈和度假地客栈。客栈投资者必须根据分析选择合适的地址，以便因地制宜，确定拟建客栈的类型。此外，还应考虑当地酒店业的总体情况。在一个确定的区域里提出建店的问题后，必须分析该区域酒店行业的总体情况及其发展趋势，这对客栈投资者非常有益。“同行密集客自来”，这是古时的经营之道，对今天的许多行业仍然适用。但对投资客栈来说，客栈的投资者在确定拟建客栈的位置时，必须考虑周围有哪些酒店是直接或间接的竞争对手，而且必须分析竞争对手的优势与劣势，因为酒店业的客源市场相对于其他行业来说会显得供给不足。如果拟建客栈或者民宿周围已建成或在建客栈的数目就已使客房出租率不足，投资者除非有足够的客源，否则客栈就需要重新考虑选址，以免造成客栈、民宿之间的恶性竞争。

（二）环境因素

通常来说，城市中心客栈周围的环境往往是商业区、居民区或者文化区。而郊区、海滨或公路沿线的客栈周围的环境往往很难定论。如果民宿客栈周围地区比较繁华，则能增强客栈的市场地位，对客栈的客房出租率、房价、餐饮销售额都会产生有利的影响。交通也是环境因素中的一个重要组成部分。因此，确定拟建客栈的地理位置时，投资者必须考虑客栈与需求客源产生点之间的距离，以及当地的交通方式。对位于城市中心的客栈来说，住宿者多为商务客人，因而首要考虑的是酒店与机场、火车站、汽车站或码头之间的距离。距离地点近且可进入性程度高的客栈在竞争中往往处于有利地位。此外，客栈的客源除了外地的旅游者外，还有当地的居民，故必须同时考虑当地居民进入客栈就餐或娱乐休闲的难易程度。

（三）客源因素

旅游客栈的地理位置对客源市场的细分无疑会有很大影响。位于市中心的酒店，因为其周围大多是商业中心或金融中心，因而对进行商业贸易的旅游者有很大吸引力。事实上，几乎所有处于城市商业区的民宿客栈都把商务旅游客人作为自己的主要目标客源市场，并且商务旅游客人也乐意选择这类客栈住宿，以体验不同的城市风貌和风土人情等。这一类的特色或者主题客栈往往能为他们提供更为方便和周到的服务。公路沿线客栈吸引的是汽车旅游者和家庭旅游者，以他们为自己的目标客源市场。而旅游度假区及周边的客栈因为建在风景名胜区或周围，因而其主要目标客源是度假旅游者和部分商务旅游者。每逢节假日，人们总喜欢选择到风景名胜区去观光、休闲和娱乐，希望得到比在家里更好的休闲娱乐和享受。

（四）可见性与信息通畅性

在选择客栈的具体位置时，必须注意客栈的可见性以及信息通畅性。随着信息技术日新月异的发展，越来越多的旅游者通过电话或网络提前预订酒店，对这些旅游者来说，客栈的地理位置并不是最重要的，客栈的信息通畅性更为重要。城市中心客栈的能见度对未提前预订住处的旅游者的需求量影响很大。一般来说，城市中心客栈分布于城市的各个不同位置，旅游者在自己经济能承受的条件下，通常会选择首先看到的酒店或者客栈，而不会再花时间和精力去寻找其他住宿地点。对公路沿线的酒店来说，客栈地理位置的能见度也是影响旅游者需求量的关键因素。相对来说，海滨度假区客栈的能见度对旅游者需求量影响比较小。因为去海滨度假的旅游者，要么在市区客栈已订好房，要么就直接去找海滨客栈。

（五）成本因素

民宿客栈地理位置选择对投资成本的考虑主要体现在土地成本上。据统计，客栈的土地成本一般占总投资成本的 10%～20%。当然，选择的地理位置不同，地价也有差别，同时，如果客栈选择自家的投资建房，这一点基本可以忽略。通常，城市中心客栈的投资成本大大高于郊区酒店以及公路沿线客栈。

（六）其他因素

影响民宿客栈地理位置选择的因素还包括当地的人口、资源、气候、经济发展趋势以及当地政府对旅游业的态度等。例如气候，就受到风向、日照程度、日照时间等因素的综合影响。在我国南方城市建民宿客栈，民宿客栈位置不能朝西，否则就会有日晒；而在北方城市，客栈不能面向西北，否则就会受到寒风的侵袭。此外人口的多少，也会影响当地民宿客栈建设是否会有预期的投资回报。

四、民宿客栈安全管理

改革开放以来，我国旅游业包括旅游住宿业有了很大发展。社会安定、治安良好，旅游者有安全感是旅游业发展的基本条件之一。特别是旅游住宿业治安状况的好坏，对旅游业是否能顺利发展至关重要。为此，我国十分重视旅游住宿业的治安管理。1987 年 9 月 23 日，经国务院批准，1987 年 11 月 10 日，公安部发布的《旅馆业治安管理办法》（下称《办法》）是我国旅游住宿业治安管理的基本行政法规，也是我国旅游住宿业健康发展的法制保障。

《办法》规定，开办旅馆，其房屋建筑、消防设备、出入口和通道等，必须符合消防治安法规的有关规定，并且要具备必要的防盗安全设施。这一规定在于保障旅馆企业的正常经营，同时也是为了保障旅客的生命财产安全。申请开办旅馆应经主管部门审查批准，经当地公安机关签署意见，向工商行政管理部门申请登记，领取营业执照后，才可以开业。经批准开业的旅馆，如有歇业、转业、合并、迁移、改变名称等情况，应当在工商行政管理部门办理变更登记后三日内，向当地的县、市公安局、公安分局备案。之所以做出这样的规定，从治安管理的角度出发，便于掌握旅馆的有关情况，加强对旅馆的治安管理。

旅客住店时，往往都随身携带一些财物，为了保障旅客财物的安全，减少失窃、被盗等治安案件的发生，《办法》规定，旅馆必须设置旅客财物保管箱、保管柜或者保管室、保险柜，并指定专人负责保管工作。对旅客寄存的财物，要建立严格、完备的登记、领取和交接制度。这种规定是完全必要的，因为在旅馆，常会发生旅客财物丢失的事件，造成旅客与旅馆之间的纠纷。旅馆建立财物保管制度，可以减少这种纠纷的出现。

随着旅游业的发展，民宿客栈也从以往单纯提供住宿、餐饮服务，发展为提供住宿、餐饮、娱乐、健身等多项服务。对此，《办法》规定，在旅馆内开办舞厅、音乐茶座等娱乐、服务场所的，除执行本《办法》有关规定外，还应当按照国家和当地政府的有关规定管理。国务院 1999 年 3 月 26 日发布了《娱乐场所管理条例》(以下简称《条例》)。《条例》对娱乐场所的管理内容主要如下：① 禁止在娱乐场所从事下列活动：第一，反对宪法确定的基本原则的；第二，危害国家的主权或者领土完整的；第三，危害国家安全、利益或者社会稳定的；第四，煽动民族分裂、侵害少数民族风俗习惯、破坏民族团结的；第五，宣扬淫秽、色情、迷信或者渲染暴力，有害消费者身心健康的；第六，违背社会公德或者诽谤、侮辱他人的。② 任何单位未经文化、公安、卫生部门审核，并领取营业执照，不得从事娱乐场所活动。③ 娱乐场所提供的各种娱乐项目、服务项目等的收费，必须明码标价。④ 游艺娱乐场所不得设置使用具有赌博功能的电子游戏机机型等。⑤ 歌舞娱乐场所不得接纳未成年人。⑥ 娱乐场所的从业人员应当持有居民身份证，其中外地务工人员还应持有暂住证和务工证明。外国人及其他境外人员在娱乐场所就业的，应当按照国家有关规定，取得外国人就业许可证等。

民宿客栈是一个对社会公众开放的公共场所，任何人只要持有效证件即可在旅馆住宿、就餐以及娱乐。因此，难免会有一些违法犯罪分子混迹其间，进行某种违法犯罪活动。为此，《办法》规定，旅馆内严禁卖淫、嫖宿、赌博、吸毒、传播淫秽物品等违法犯罪活动。对于上述违法犯罪活动，公安机关可以依照《中华人民共和国治安管理处罚条例》有关条款的规定，处罚有关人员，对于情节严重构成犯罪的，由司法机关依照《中华人民共和国刑法》追究刑事责任。

五、民宿客栈员工管理

（一）员工招聘

员工招聘可以按照国家现行的劳动人事政策，从大中专院校相匹配的专业如旅游管理、酒店管理等毕业的高校毕业生中录取；从社会上待业和下岗人员中通过全面考核，择优录取适合本客栈工作需要的员工；也可以从在职下岗工人中招收具有某种专业技术为本客栈所急需的人员。不论是哪种招聘方式，都必须坚持为业务所需、自愿报名、全面考核、择优录用的原则，以确保员工的质量。对员工的挑选，应根据工作岗位业务性质及条件要求，结合应招人员的素质、专业技术能力及服务意识、工作态度等方面进行选择。

（二）确定员工工资

员工每月领取的基本工资，是客栈付给员工预先确定数额的主要劳动报酬。一般来讲，员工工资是不以客栈经济效益好坏而变动的，因此，在确定员工工资时一定要适度，必须以本地区客栈或民宿同等规格和档次的酒店相同岗位的平均工资为参考基准，然后在此基础上进行上下浮动。

（三）员工培训

员工培训的目的是使所有员工都能树立牢固的职业意识、团队意识、营销意识、创新意识以及改善员工的工作行为，为顾客服务，提高客栈的竞争能力。

（四）员工仪容仪表

服务人员通常要提前 5～10 分钟上班，是为了做好工前准备，包括准备好个人的仪容仪表、整理工作台（将各种表格、报表等归位）和交接班。规范的仪表仪态是前厅服务员的最基本要求，贯穿前厅服务的全过程。

1. 男员工

（1）头发：不可漂染；保持头发清洁，无头皮屑；头发后不盖领、侧不遮耳；可使用发胶，但不可过于油腻或潮湿。

（2）面容：清洁，不准留胡须且必须每天剃须。

（3）手、指甲：保持洁净；定期修剪指甲，长度仅能遮盖指尖。

（4）服装：着公司规定的制服，且必须保持整洁、挺括；冷天时，所穿的保暖内衣需保持不露在制服外，在衣袋中不放与工作无关的物品。

（5）鞋：黑色皮鞋或布鞋，皮鞋光亮洁净、无破损。

（6）袜：穿深色无鲜艳花纹的袜子，勤换洗。

（7）饰物：只可佩戴简单、大众款式的手表；已婚人士还允许佩戴一枚戒指。

（8）名牌：须端正地佩戴在最外面的制服左胸区域，并保持光亮无破损。

2. 女员工

（1）头发：不可漂染颜色艳丽的发色；保持头发清洁，无头皮屑；长发必须束起，不佩带色彩艳丽的饰物，发夹须为黑或深色。

（2）面容：保持清洁，化淡妆。

（3）手、指甲：保持干净，指甲修剪整齐，不涂带颜色的指甲油。

（4）服装：着公司规定的制服，且必须保持整洁、挺括；天冷时，所穿的保暖内衣需保持不露在制服外；裙装所配长袜袜口不得露出裙装。

（5）鞋：黑色皮鞋或布鞋；皮鞋光亮洁净、无破损。

（6）长袜：着肤色的袜子，必须无花纹，不可抽丝或是网状的。

（7）饰物：只可佩戴简单款式的手表及一串项链，已婚人士还允许佩戴一枚戒指。

（8）名牌：须端正地佩戴在最外面的制服左胸区域，并保持光亮无破损。

此外，无论男女员工，都应保持个人卫生，上岗时保持口腔清洁。

（五）员工服务知识培训

1. 客栈以及客栈所处环境的基本情况

一般而言，当客人对陌生的环境能够很快了解时，心理就会产生稳定感。这种稳定感来源于员工对相应环境背景知识的掌握。员工应该掌握的环境方面知识主要包括以下内容：

（1）客栈公共设施、营业场所的分布及其功能。

（2）客栈所能提供的主要服务项目、特色服务及各服务项目的分布。

（3）客栈各服务项目的具体服务内容、服务时限、服务部门及联系方式。

（4）客栈所处的地理位置，酒店所处城市的交通、旅游、文化、娱乐、购物场所的分布及到这些场所的方式、途径。

（5）客栈的组织结构、各部门的相关职能、下属机构及相关高层管理人员的情况。

（6）客栈的管理目标、服务宗旨及其相关文化。

2. 员工应具备的文化知识

为了服务好客人，使客人产生宾至如归的感觉，客栈员工必须掌握丰富的文化知识，包括历史知识、地理知识、国际知识、语言知识等方面。从而可以使客栈员工在面对不同的客人时能够塑造出与客人背景相应的服务角色，与客人进行良好的沟通。客栈员工除了利用业余时间从书本上学习知识外，还可以在平时接待客人中积累；同时客栈也应当进行有针对性的培训。

3. 员工岗位职责的培训内容

（1）本岗位的职能、重要性及其在客栈中所处的位置。

（2）本岗位的工作对象、具体任务、工作标准、效率要求、质量要求、服务态度及其应当承担的责任、职责范围。

（3）本岗位的工作流程、工作规定、奖惩措施、安全及国家行政机关对相应行业的管理规定。

（4）本岗位工作任务所涉及的客栈相关的硬件设施、设备工具的操作、管理，机电等设备、工具的使用，应当知原理、知性能、知用途，即通常所说的“三知”，另外还应当会使用、会简单维修、会日常保养，即“三会”。

（5）掌握客栈软管理措施，如相关票据、账单、表格的填写方法、填写要求和填写规定。

（六）员工的激励

（1）必须满足员工的基本生活需要，满足员工的高层次需要以激励其工作的积极性。

（2）制定合理的客栈经营目标和分配制度。

（3）将员工的劳动报酬与工作岗位和工作业绩结合起来，建立基本客栈总体效益和工作表现的奖惩制度，通过奖优罚劣来激发员工们的工作热情。

（4）善于发现员工的强项和特殊技能，如果可能，让他们尽量发挥自己的强顶和特殊技能。

（5）为员工营造良好的工作环境。

本章小结

对于当今旅游者来说，民宿客栈已经成为不可或缺的一种住宿类型。作为“度假”的实物载体，民宿客栈所提供的将不只是“住”的功能这么简单，而是体验“生活在别处”的新鲜、放松、舒展、安静祥和。民宿客栈的气场、情调、氛围等能让人身心舒展、有别于日常生活感受的元素，才是它最大的意义。民宿客栈不仅是满足旅游者旅游需求的重要组成部分，而且是创新创业的重要领域。本章比较详细地介绍了客栈在我国的发展历史和在西方的发展和变化的历程，阐述了客栈的具体概念和内容；开设和经营一家客栈，主要从客栈主题选择、区位选址等方面着手；加强安全管理和员工的培训，塑造优质客栈的形象，是经营和发展客栈基础和前提。

本章的主要知识点：民宿客栈的概念、民宿客栈的特征、民宿客栈的发展历史、民宿客栈的主题、民宿客栈的选址、民宿客栈的员工管理。

复习与思考

1. 简述民宿客栈的概念。
2. 思考日本民宿客栈、杭州民宿客栈的发展经验。
3. 简述民宿客栈的特征。
4. 简述民宿客栈主题选择的原则。
5. 简述民宿客栈选址的要求。
6. 简述民宿客栈的员工管理。

第十一章　旅游商品经营管理实务

学习目标

通过本章的学习，学生应掌握旅游商品的概念、旅游商品的特征，了解我国旅游商品开发存在的问题；领会旅游商品文化性的重要性，掌握以文化基因为基础的旅游商品开发方法；掌握旅游商品产品开发、品牌建设、质量建设、市场策略、宣传促销、行业管理等经营管理实务；掌握旅游商品品牌建设与包装策略。

第一节　旅游商品概述

一、旅游商品的概念

旅游商品，又称旅游购物品、旅游纪念品，是旅游目的地向旅游者提供的富有特色，对旅游者具有强烈吸引力，具有纪念性、艺术性、实用性的物质产品。我国的旅游商品品种繁多，有旅游食品、纺织工业品、手工业品、工艺美术品、文物、土特产、旅游纪念品等。其中许多商品驰名中外，如烹调技术高超、风格独特的各种食品菜肴，技艺精湛的工艺美术品、独具一格的金石字画、文房四宝，以及丝绸刺绣、文物古玩、名贵的中药材，反映传统特色的日用小商品和纪念品等。旅游商品不同于一般的商品，它能反映旅游地的特色，浓缩了地域和民俗风情，沉淀着旅行的记忆。旅游商品是一个国家或地区历史与文化的缩影，是该旅游地独有的特色商品，在旅游市场上具有独占性的商品。旅游商品不仅是旅游消费的重要内容，也是旅游行业创新创业的重要领域。

旅游商品是旅游者在旅游活动过程中购买的、以物质形态存在的实物，也可称作旅游购物品。旅游商品是旅游地的信物，是旅游目的地的名片，更是旅游地文化品格的象征。旅游商品是旅游业的一个重要组成部分，可以对经济起到推动作用。目前，旅游对于人们来说已经不是奢侈的享受，旅游尽兴而归总要带点富有地方风味的特产，这对旅游者来说具有纪念意义。所以旅游商品具有一般商品的属性——具有使用价值和价值，但又不同于一般商品，因为它承载了旅游者一定的经历。

二、旅游商品的特征

（一）地方性

旅游商品要能够反映出当地特色，是旅游商品最显著的特征。旅游商品体现的是旅游地的自然环境、社会文化的特点，即以旅游地的自然风光、名胜古迹、历史人物、故事为题材设计产品的造型和图案，是一个地区的传统文化、民族民俗风情的浓缩，游客带走的不仅是一件商品，还是一个城市文化品位的缩影。

（二）艺术性

旅游商品不仅要体现出当地的资源和文化特色，还要体现出特有的工艺水平，并与现代人的艺术欣赏品味相结合。具有艺术价值、新颖奇特、美观别致，并能紧跟时代步伐，采用高新科技制作生产，这种艺术性要与时俱进，符合人们审美观念的变迁，可以成为文化艺术交流的媒介与凭证。

（三）纪念性

旅游商品能够体现旅游目的地的形象和特点，旅游者购买旅游纪念品的目的是给自己或亲朋好友留下旅游的纪念，每当看到时都能引发旅游者美好的回忆。

（四）实用性

实用性是代表所购买的旅游商品具有能看、能穿、能用等实用价值。旅游商品的体积不应过于笨重庞大，这样不便于旅游者携带。

（五）馈赠性

旅游商品做工精美，有一定的审美价值，旅游者可以作为馈赠亲朋好友的礼品，以代表自己去过某地或是提高自己的声望。

旅游商品的以上特性基本上可以囊括旅游商品的大部分品格，但是它们并不是孤立的，而是相互联系、相互渗透的。

三、我国旅游商品开发存在的问题

在旅游发达国家和地区，旅游购物占到旅游总收入的 74%，世界平均水平为 40%，而我国平均水平仅为 20%，旅游商品的销售与我国旅游业的迅猛发展形成极大反差。我国旅游商品开发主要存在以下问题。

（一）旅游商品雷同严重

对于多数游客而言，总是希望购买富有地方特色的旅游商品。然而实际情况是，旅游市场上的旅游商品大多千篇一律，品种少，缺少地方特色，对游客没有吸引力，甚至让游客感到乏味。

（二）文化特质消退

大多数旅游商品都具有一定的文化内涵，文化性也是旅游商品的魅力所在。许多旅游商品原本带有一定的民族、宗教文化色彩，没有经济利益的驱使，手工艺人在制作时极为耐心细心。现如今人们的经济意识空前增强，行为越来越功利，由此导致市场上出售的旅游商品质量越来越差，基本丧失其原有的价值和意义。

（三）仿造多而创新少

好的旅游商品在创意设计、制作工艺等各环节都要精益求精，应该融入文化、艺术、思想与科技含量，并按照严格的质量标准生产制作。由于旅游商品的知识产权保护在我国尚未得到较好解决，其合法权益很难得到真正保护，旅游商品创意极易被仿制，极大地影响了旅游企业产品研发的积极性。

（四）忽视市场的特殊需求

旅游商品的研发、设计、生产需要对旅游市场有充分的认识。现实中，旅游商品的市场调查存在着一定的语言障碍、文化障碍和资金障碍。旅游商品是游客在旅游目的地购买以后带回家的商品，而游客来自全球各地，文化不同、收入不同、需求也不相同，由此导致旅游商品与游客的实际需求往往有较大差距。

（五）市场不规范

由于旅游商品市场进入门槛较低，加上缺乏规范的管理，很难形成有效的市场管理机制。缺乏行业指导，行业自律机制很难建立，其结果是假冒伪劣商品充斥市场，旅游商品形象受损。

（六）缺乏品牌意识

由于旅游商品知识产权保护机制不健全，相关旅游企业往往不重视品牌建设和品牌保护。由此导致特色鲜明、品位较高的旅游商品数量减少，既不能满足游客的旅游需求，也不利于旅游商品企业的长期发展。

第二节　旅游商品设计

随着我国旅游业的快速发展，旅游商品成为旅游业收入的重要组成部分。然而，我国旅游商品开发存在诸多问题，旅游商品占旅游业总收入比例不高，究其原因，缺少文化底蕴是其根本原因。文化是旅游商品的灵魂，缺少灵魂的旅游商品失去其文化符号象征意义，价值大打折扣。目前，我国许多地区在旅游商品开发过程中并未深入探索文化传承的方法，由此导致开发的旅游商品缺乏文化内涵。因此，从文化创意的视角创新旅游商品设计至关重要。

一、旅游商品的文化性

旅游商品是旅游者旅游过程中所购买的有区域民族特征、文化特征和纪念意义的产品。正常情况下，旅游商品需要具有几个基本条件：第一，消费者购买旅游商品的动机是其具有纪念意义；第二，旅游商品自身有纪念性；第三，旅游商品能够长时间保存；第四，旅游商品文化艺术性较高。文化是一个很广的概念，可以将文化理解为社会现象，它是历史积淀物，是历史现象，可以指一个民族的历史、一个国家的历史乃至地域风情、地区生活方式、传统风俗等。旅游商品是精神文化产品，它一定要有文化品位，一个地区或一个国家的旅游商品若不能反映当地的文化，那么该旅游商品就失去了生命力，失去了灵魂。因此，设计旅游商品，需要充分挖掘文化，利用艺术方法将文化充分表现出来。

由于社会不断变迁，一些历史思想文化仅能适应当时社会，并不能适应现代社会价值理念。每个时代均会衍生出新文化，所以要积极吸取传统文化之精髓，将传统文化充分消化后再传承，并深刻体验现代社会生活，将传统文化精髓融入现代社会人们情感之中，进而创造出新文化。传统文化融于现代社会人文精神充分体现着产品文化元素的特点。我们要深刻认识传统文化，并以此为基础进行文化再研究、再设计。产品可以通过附加值来提高其价值，具有附加值的产品的价格会比同类产品价值更高。设计创意产品时，要注意提高产品人文价值，重视人们的心理情感，认真分析人们的生活方式与生活环境，把精神文化与情感升至重要层面，进而使所设计产品的功能、形式和文化、情感结合到一起，促使消费者产生购买欲望。旅游商品一定要符合该地区的文化特征，能够向外地人传播该地区的魅力。与此同时，旅游商品还要具有包容性，因为旅游商品既要面向国内消费者，也要面向世界。

二、旅游商品设计的要素

旅游商品设计要素有六个：题材、功能、工艺、材质、造型及包装。每个设计要素的表达都会给旅游纪念品整体效果带来一定影响，设计和创新旅游商品必须从这六个方面展开。

表现题材能否展现当地的文化特色是一个旅游商品设计得好坏的重要标准。题材可以来自旅游地的地域文化、历史人物、自然风光及民间工艺等。

功能是旅游商品设计的中心内容，旅游商品功能含有认知功能、实用功能及审美功能。

旅游商品的品质主要通过工艺来衡量，旅游商品的工艺要得到创新，必须把传统工艺和现代技术紧密结合到一起，使现代美与传统美互相促进，进而使旅游商品在传承中得到发展。

材质是旅游商品形态塑造的物质基础，旅游商品要实现其实用价值，必须依靠良好的材质。通过观察旅游商品的制作才能够判断其产地，并区分旅游商品文化差异与档次，因此旅游商品的制作材料要尽量选用传统材料，进而体现旅游地地域文化特征。

包装要素有包装对象、材料、造型、结构、防护技术、视觉传达等。商标或品牌是包装中最主要的构成要素，应在包装整体上占据突出的位置；适宜的包装形状有利于储运和陈列，也有利于产品销售，因此形状是包装中不可缺少的组合要素；颜色是包装中最具刺激销售作用的构成元素，突出商品特性的色调组合，不仅能够加强品牌特征，而且对顾客有强烈的感召力；图案在包装中如同广告中的画面，其重要性、不可或缺性不言而喻；包装材料的选择不仅影响包装成本，而且也影响这商品的市场竞争力；在标签上一般都印有包装内容和产品所包含的主要成分、品牌标志、产品质量等级、产品厂家、生产日期和有效期、使用方法。

三、旅游商品设计的方法与程序

旅游商品设计需要注入文化基因，具体要遵循如下方法：先明确旅游商品的设计目标与设计内容，合理制订设计计划；然后结合旅游者心理特点和生理特点构建旅游商品需求模型，按照旅游者需求确定主题文化；最后把文化基因注入旅游商品。

（一）明确设计目标与计划

设计文化旅游商品前，必须首先要明确设计目标和设计内容，清楚要设计什么，为哪些地区设计，所要表达的民族文化及需要满足哪些任务。因为只有设计目标和设计内容明确，设计计划才能够合理、详细。制订设计计划的过程中，需要了解设计过程有哪些环节、各环节中所运用的主要方法、各环节间的相互作用关系、各环节需要耗费的时间及各环节的设计要点与难点。

（二）建立用户需求模型

制订好旅游商品的文化基因设计计划后，需要结合设计内容进行调研，调研目前国内外旅游业纪念品的设计现状及市场现状，查阅相关旅游商品研究的文献、旅游业市场对旅游商品的需求等。设计旅游商品的最终目标是满足旅游者需求，因此一定要充分掌握旅游者需求，构建用户需求模型。用户需求模型包括三方面：本能层次需求、反思层次需求和行为层次需求。设计者确定旅游商品的主题文化基因需要结合地域文化、历史典故、自然风光及民族风俗等，选取可以展现当地特色的主体元素。

（三）将文化基因注入旅游商品形象中

旅游商品形象设计要充分考虑纪念品材质、题材、色彩、形态及工艺等要素，要让旅游商品形成良好的感官视觉形象，凸显地域特点和民族文化，进而发挥其塑造与提升旅游地形象的作用。设计旅游商品形象和产品的语意学具有紧密联系，旅游商品语意含有内涵性语意与外延性语意。旅游商品形象中需要注入文化基因，利用旅游商品技术、形态等展现其文化主题。

四、旅游商品设计的原则

（一）旅游商品设计原则

设计某个地区或某个国家的旅游商品，需要坚持一些基本原则，包括地域性原则、文化性原则、艺术性原则、情感性原则、创新性原则。

1. 地域性原则

地域性是一个旅游商品最明显的特点，旅游商品需要充分体现地区社会文化与自然环境特征，反映该地区民族风情与传统文化，进而让旅游者带走这个城市的地域文化缩影。

2. 文化性原则

旅游商品设计的实质是文化设计，旅游商品必须含有丰富的文化内涵，才能更具有纪念价值、馈赠价值和收藏价值。而不同民族特征与文化背景就是设计旅游商品的思想源泉，设计旅游商品是地区文化的传承与积累。

3. 艺术性原则

艺术性对旅游商品来说非常重要，人们在购买旅游商品过程中，一般都是先被旅游商品的艺术性吸引。

4. 情感性原则

情感性对旅游者购买旅游商品具有重要影响，一个有丰富情感的旅游商品往往更能吸引旅游者，受到旅游者喜爱。设计旅游商品时，设计师要全面考虑旅游者心理，利用恰当的手法，把地区独特景观、民俗特征融入旅游商品中，激发旅游者的情感共鸣。

5. 创新性原则

创新设计是旅游商品一直发展的动力，旅游商品的所有设计环节都需要创新，如旅游商品的造型、题材、工艺及色彩等，只有创新，才能使旅游者对其产生兴趣。

（二）以文化基因为基础的旅游商品设计原则

文化性旅游商品不仅要满足上述普通旅游商品的设计原则，还需要融入文化基因，将融入文化基因方式和旅游商品设计过程有效结合在一起。文化的主题需要鲜明，文化的需求要明确，实用文化和审美文化要充分结合，文化体验要多样化、融入化。文化主题是设计旅游商品的灵魂与基础，文化主题鲜明能够调动旅游者的兴趣，进而使旅游者选择旅游商品时形成难忘经历，对旅游商品产生深刻印象。不同地区文化存有差异，旅游商品实现主题化表明体验具有差异化与特色化，防止雷同。旅游商品需要有鲜明的文化主题，设计者在设计过程中要结合当地地域文化、建筑风格、自然风光、民族民俗等，选取有一定代表性的题材作主题，并时刻关注旅游者的需求，了解他们的需求，站在旅游者角度，设计出含有丰富文化基因的旅游商品，以使旅游者拥有更好的情感体验。

旅游者在旅游过程中购买旅游商品，本质就是购买文化体验。文化有区域性、民族性、阶段性和历史继承性等特征。设计师在设计旅游商品的过程中必须充分挖掘旅游区域文化特征，把文化性和旅游商品充分结合到一起，进而吸引旅游者兴趣。

第三节　旅游商品经营管理实务

一、加强品牌建设

目前我国大部分旅游商品生产企业缺乏品牌意识，缺少高品位、高质量的旅游商品，更缺少精品旅游商品品牌。因而，必须树立品牌意识，通过旅游商品品牌化，提升其知名度和美誉度，既能够促进旅游商品的销售，又保护了游客的合法权益。品牌是一种名称、术语、标记、符号或图案，或是相关元素的相互组合，用以识别某个消费者或某消费者群的产品或服务，并使之与竞争对手的产品或服务相区别。品牌建设主要从以下几方面着手。

首先，明确旅游商品的市场定位。品牌建设应从市场需求出发，根据目标市场需求确定产品的核心概念。准确的产品定位是发展品牌基础。

其次，突出地方特色。在设计、生产出具有区域特色、能体现文化内涵的旅游商品的基础上，剔除不具有该地区文化标识的旅游商品。盲目跟风、互相抄袭既会引起游客对地方文化认识的混乱，引起游客的反感，也会对地域文化宣传起到负面效果，旅游商品的种类并不是越多越好，整合旅游商品种类是发展品牌的必要手段。

再次，创新设计品牌商标。品牌是一种符号或者标志，旅游商品若要建立自己的品牌，除了旅游商品本身具有的文化标识之外，商标是一种更为直观、具体的标志。为旅游商品加上商标有利于与其他旅游商品区别开来，同时加强了本地区旅游商品的宣传力度。

最后，提升旅游商品质量。旅游商品质量优劣也关系到品牌建设的成败。生产商应该严格把控产品质量，采用合理优质的原材料、先进的生产工艺进行生产；经销商需要提供优质、舒适的购物环境、优质的服务品质。生产者和经营者的共同作用，提升消费者的认知度、满意度，建立自身的品牌印象。

二、提升产品质量

旅游商品承载着旅游地地方文化，随着现代人审美意识的提升，只有给旅游商品附加文化价值，才能够满足游客日益提升的旅游需求。同时，旅游商品的品质至关重要。旅游商品的优良品质是建立在精湛的制造技术基础上的，精巧的设计也必须通过精湛的技术才能取得理想的设计效果。目前市场上销售的旅游商品有很大一部分制作工艺粗糙，大大降低了它们的欣赏价值和收藏价值。细节上的粗糙使得整件工艺品在旅游消费者心目中的印象大打折扣，看重旅游商品的艺术价值和收藏价值的消费者不会购买那些经不起仔细把玩和欣赏的旅游商品。

三、迎合市场需求

旅游商品主要为旅游者及其旅游活动服务，因此，要充分考虑旅游者的审美标准和情趣。有人曾将中外旅游者购物的区别归纳为：中国人追求“大、洋、全、新、派”，喜欢大件、成双成套；而外国人正好相反，追求“小、土、巧、古、异”，喜欢精致小巧、古香古色、具有民族特色的商品。旅游商品在设计中应体现一种现代的人文关怀，主动拉近旅游者与旅游地的距离。除了旅游商品本身，包装也是体现人文关怀的重要部分。轻巧、美观且牢固的包装不但能够保护纪念品，方便携带，还能增加纪念品的艺术美感。尽量使用绿色、环保的材料包装，不但可以保护旅游地的环境，还可以宣传旅游地健康、自然的美好形象。

四、丰富产品层次

为了适应游客的多元化需求，旅游商品生产企业需要针对不同的市场需求开发出不同层次的旅游商品。第一层为基础的，即大量开发价格便宜、体积小巧、批量生产、种类繁多、色彩鲜亮、趣味时尚、老少皆宜的饰品和土特产，此类旅游商品应该占到总量的大多数；第二层为中档次，目标是中产游客群，纪念品用材讲究、设计精美、制作复杂、具有一定的收藏价值，此类旅游商品应该占到总量的少部分；第三层为高端产品，多体现高超的手工技艺或高科技含量，具有升值潜力，且价格昂贵，以适应少部分高端旅游者的需求。

五、重视新产品研发

旅游商品企业需要收集市场信息，不断创新，研究、开发适销对路的旅游商品。要配备专业人员对新旅游商品开发的主要步骤进行跟踪调查，对旅游者的消费水平、消费偏好以及市场规模等做具体分析，根据市场需求并结合我国旅游商品资源的特点，设计出适销对路的旅游商品。同时，整合市场信息，开发升级换代旅游商品。旅游商品如果不及时升级，旅游者的新鲜感便会降低。而且，推出升级换代产品比重新开发一项新产品所耗费的资源少，市场风险小，甚至能延长旅游商品的市场寿命。完善的产品换代系统还有利于树立旅游商品品牌，增添品牌的附加值。所以，旅游商品生产企业要采用先进技术，在不影响旅游商品文化内涵的基础上，将传统工艺与现代化生产、经营方式相结合，扩大生产规模，降低生产成本。

六、加大宣传促销

旅游商品宣传应该在现有的实体宣传的基础上积极开发网络宣传。实体的广告宣传、标语宣传、专业指南宣传等具有成本较低、宣传时间久、消费者提取信息方便等优点，但是实体宣传没有网络宣传的传播范围广、宣传力度大，而且实体宣传方式灵活性差，信息传播效果不一定理想。所以，旅游商品企业应该合理利用现有各大网络平台进行宣传，如与携程、途牛、艺龙等网络旅游产品经销商以及天猫、京东等电商平台合作，或者利用微信、微博等社交软件推文宣传。这既是大势所趋，也是旅游商品品牌化发展的必要手段。

七、规范行业管理

目前，旅游商品销售主要通过专营店或者小商贩地摊等形式销售，而这些店铺或者摊位通常分散在景区内外，没有形成一个商品集散地或者销售中心。这种布局会使管理难度增大、影响景区的美感、降低消费欲望等问题，因此，旅游目的地应该整合旅游商品的经营地点，形成一个完整而具有地方特色的旅游商品销售中心。旅游业由旅行社、旅游饭店、旅游交通、旅游商店等不同的企业构成，企业追求利润最大化的天性决定了其在追求利润经营过程中难免会出现不正当竞争行为，这时有关部门的正确引导和监督、有效的管理就显得尤其重要。由相关的监管部门建立旅游企业信誉公开制度，定期向社会公布旅游企业的情况，监督旅游企业的经营，包括违规、投诉记录和优秀旅游企业的名单，帮助旅游者选择。

第四节　旅游商品包装

旅游商品是旅游六要素“吃、住、行、游、购、娱”中“购”的主要组成部分，好的包装设计对旅游商品品牌形象宣传具有重要促进作用。包装不仅是提升旅游商品销售竞争的重要手段，也是宣传旅游地知名度的重要形式。目前，国内的旅游商品普遍都缺乏品牌意识，或者品牌推广意识薄弱，很少有具备突出代表性的地方特色旅游商品品牌。旅游商品包装设计的品牌化设计策略能扩大旅游商品的市场。将品牌形象的理念与地域特色文化资源相结合，可以创造出特色化的旅游商品品牌。

一、旅游商品包装与品牌形象的关系

从字面意思理解，包装就是解决包和装的问题。旅游商品的包装是指在旅游过程中游客所购买旅游商品的容器、材料和辅助物等。旅游商品的包装是形式与内容的统一，具有实用性、地域性、时代性等特征。旅游商品的包装前提是实用性特征，具有一般产品包装的基本属性，如保护产品不被损坏，对产品做解释说明等；其次是地域性文化特征，具有地方特色旅游商品的独特性，如使用地方比较有特色的材料或工艺对旅游商品进行包装；还有就是时代性特征，包装通过运用现代科学技术，寻找出地域文化元素新的视觉表现形式。品牌是一种错综复杂的象征。早期人们对品牌的认识还只是停留在品牌的标识功能，现代意义的品牌则是产品类型、名称、包装、价格、广告风格、企业文化、服务等多种综合方面的集中表现，是无形资产和有形资产的统一整体。旅游商品的包装是旅游品牌形象推广的重要载体，是呈现品牌形象的媒介，是游客认识旅游商品、旅游地的直接途径之一。

二、影响旅游商品包装设计的元素

旅游商品包装设计是旅游品牌形象推广的重要信息载体。影响品牌形象推广的旅游商品包装设计的元素有造型、材料、色彩、文字、图形等多方面。例如，贵州从江及周边地区有一特色美食“塔石香羊”，长期以来由于宣传营销及品牌包装设计不到位，影响力有限，后来经设计师精心设计品牌及包装，起到良好的宣传推广效果。“塔石香羊”包装盒较好地运用了旅游商品包装设计元素。

首先，设计师在设计旅游商品包装时应该根据游客群体的差异化，设计不同样式的包装造型。好的包装造型不仅能提高旅游商品的档次，还能通过包装所包含的文化内涵来吸引游客的购买欲望，进而树立良好的品牌形象，增强旅游品牌形象的知名度和竞争力。

其次，采用材料的不同，设计的包装给游客带来的视觉、触觉上的感受不同。通过包装材料的独特性、差异性，灵活地运用各种材料进行旅游商品包装设计更能突出表现品牌形象。将地域特有的或具有地方代表性的材料制作成地方特色的旅游商品包装，这样包装本身就是旅游商品的一部分，具有很强的纪念价值。

再次，包装的色彩会直接影响游客的情绪，给游客带来不同的旅游感受。旅游商品包装应体现纪念品本身所传达的信息。用统一色彩的系列化旅游商品包装，会树立良好的旅游地形象。

再次，在包装设计中，包装上的文字越醒目，游客越能容易地获取旅游纪念品的信息。不同的字体样式、大小和排版方式能反映不同旅游商品品牌形象的特点。

最后，因为包装大部分的表面是由图形覆盖，所以图形设计在旅游商品包装中的分量很重。图形的设计应与品牌识别系统统一。具有创意构图的图形设计往往更加吸引游客的目光，醒目地表达旅游商品的信息，推广品牌形象个性和刺激游客购买。

三、运用旅游商品的包装设计推广品牌形象

旅游商品包装的特性使品牌形象在推广中具有独特的作用和影响。品牌形象通过包装设计推广和传播，让品牌形象在游客心里占据重要的有利位置。如今，有些人在购买产品时甚至只认品牌。在设计旅游商品包装时，要合理地运用地域文化符号，运用当地特有的地域文化、视觉语言迎合游客的需求，使游客对品牌产生信赖。旅游商品的包装设计是在造型、材料、色彩、文字、图形等元素中，寻找最佳的视觉表达方式，考虑游客群体和地区文化差异，从真正意义上提升品牌形象，给游客留下深刻的印象。例如贵州凯里"苗家养生红酸汤"包装盒不单单是包和装，在造型、材料、色彩、文字、图形等视觉元素的设计中充分体现了包装的文化性、差异性、时代性和趣味性等，很好地提升了品牌形象的推广，作为旅游商品的一部分，其包装本身就具有很大的纪念价值。

在旅游商品包装设计中要考虑如何传递品牌理念，如何能更好地宣传推广品牌形象。旅游商品的包装设计是旅游品牌形象直接、见效的推广方式之一。游客的购买心理、行为很大程度上会受到旅游商品包装的影响，所以通过对包装的良好设计能更好地提升旅游商品的价值和品牌附加值。旅游商品的品牌推广对旅游商品的销售、旅游地经济发展有着巨大的影响，认清旅游商品包装设计与品牌推广间的关系，利用包装设计进行旅游商品品牌的推广，能促进旅游产业的健康发展。

☞ **拓展学习**

旅游商品是发展全域旅游的好抓手|旅游商品系列谈①

为了打破因旅游商品品种少而造成的千篇一律的局面，从2009年第一届中国旅游商品大赛开始，国家旅游局、中国旅游协会一直在推动旅游商品的系列化开发。利用中国旅游商品大赛和中国特色旅游商品大赛的风向标作用，按照鼓励系列化的评审标准评选出了大量系列化的旅游商品，使越来越多的企业重视开发系列化旅游商品。经过多年的努力，各地旅游商品系列化程度越来越高，而系列化旅游商品的发展阶段也逐渐清晰起来。

第一阶段：把某种文化符号或图片作为主体，直接印在不同载体上来组成系列化旅游商品。如，将一张风光照片印在马克杯、文化衫、鼠标垫、杯垫、雨伞上面。

---

① 资料引自中青网旅游周刊，https：//www.sohu.com/a/191820400_165004。

第二阶段：把某种文化符号作为主体，经过设计，用不同载体表现出来，再组成系列化旅游商品。即使是风光照片也是经过设计后再用不同的、适合的载体呈现。如，文化茶具、文化酒具、文化办公用具、文化丝巾等。

第三阶段：以材质和功能为主体，经过设计，辅以文化元素的多类别商品，各个类别又系列化发展。

第二阶段与第一阶段最大的共同点是均以文化为主体；最大区别是设计，尤其是专业的设计。

在现实中，无论是无设计感的第一阶段系列旅游商品，还是有设计感的第二阶段系列旅游商品，成系列的旅游商品已越来越多。但有些开发企业、销售企业并没有得到很好的市场收益，这在多个城市的"××礼物"旅游商品发展中体现得更加明显。由于以文化角度开发系列旅游商品，很容易出现同一文化元素下的多材质、多类别旅游商品，这从单纯的设计角度看没有问题，但从开发企业的角度来看，则很难形成专业性。即使都由外部加工，推出不同材质、不同类别的旅游商品，也很容易使制造成本较高、产品质量稳定度低、销售数量少、企业样样都懂却样样不精通的问题。从零售企业角度则很难吸引大量旅游者购买。不同材质、不同类别的大众化、文化味十足的商品聚在一个商店时，很容易形成杂货铺式的卖场。

几年来，不少城市的杂货铺式的"××礼物"旅游商品店经历了旅游部门强力支持、纷纷挂牌开业、惨淡经营维持、摘牌转型的过程。在中高档商品专卖店、专业店化，日用品超市化的趋势下，高、中、低档商品汇集于一体的杂货铺式销售得不到市场认可也是自然的。

而系列化旅游商品发展的第三阶段与前两个阶段的最大区别是：主体不同。第三阶段不是以文化为开发、销售的主体，但又不失文化味道，是按照制造企业、销售卖场的规律，按多数旅游者的购买习惯开发、销售的。这是很多企业在经历了各种成功与失败之后，出现的新的系列化旅游商品发展阶段。如：第一阶段时，宁夏风光系列是把宁夏风光的照片贴在马克杯、文化衫、枸杞的包装袋上；第二阶段时，宁夏风光系列是把宁夏风光用沙画、粮食画、枸杞画、剪纸画、刺绣等制作出来；第三阶段，不再以宁夏风光为主体，而是以枸杞为主体，出现了各种枸杞酒系列、枸杞面膜系列、枸杞精油皂系列、枸杞饮料系列、枸杞冰激凌系列、枸杞糕点系列产品。有些还在包装上巧妙添加了宁夏风光或宁夏元素。由于是枸杞主体下的多品类旅游商品，各品类又系列化，第三阶段姑且称为：类系发展阶段。

新阶段实现了旅游商品开发和销售从以文化为主体的多材质、杂货铺式散点发展经营，向以物产为主体，结合文化的类系专业化发展经营迈进。从以自我为中心的供给式的旅游商品开发销售模式，向按照旅游商品开发规律和旅游者购买规律的需求式旅游商品开发销售模式发展。

各地正在开展全域旅游建设，全域旅游既要旅游者满意又要全社会受益，就需要打破门票经济，发展产业经济，扩大旅游消费，增加旅游收入。其中，发展旅游商品，增加旅游购物在旅游收入中的比重就成为重中之重。利用当地物产和文化，直接进入第三阶段，从类系角度发展旅游商品，容易让旅游者感到满意，同时富民、富企、富财政，利于全域旅游建设和可持续发展，不失为全域旅游创建工作和发展地区旅游商品的捷径。

目前，类系发展还处于萌芽阶段，即使各地已出现类系，但也有待进一步发展，对类系的全国性推动工作还未进行。旅游商品发展的前途光明，但还需社会各界共同努力。

本章小结

旅游商品发展与旅游业发展相伴而生，旅游商品是旅游业的重要组成部分，与旅行社、交通、饭店合称为旅游业四大支柱行业。旅游商品承载了满足旅游者购物需求和传播旅游地形象的双重价值，因而具有重要经济与社会价值。本章首先介绍了旅游商品的概念，旅游商品的特征，以及我国旅游商品开发存在的问题；然后分析了旅游商品文化性的重要性，以及以文化基因为基础进行旅游商品开发的方法；接着提出旅游商品产品开发、品牌建设、质量建设、市场策略、宣传促销、行业管理等内容；最后重点分析了旅游商品的品牌建设与包装策略。

本章的主要知识点：旅游商品、旅游纪念品、文化基因、旅游商品设计、品牌建设、包装策略。

复习与思考

1. 简述旅游商品的特征。
2. 简述我国旅游商品开发存在的问题。
3. 简述旅游商品设计的原则。
4. 思考以文化基因为基础的旅游商品开发方法。
5. 简述旅游商品的品牌建设与包装策略。

参考文献

[1] 陈继祥，王家宝. 旅游企业战略管理[M]. 北京：旅游教育出版社，2013.
[2] 夏林根，张懿玮，王立龙. 旅游企业管理[M]. 上海：格致出版社，2012.
[3] 徐真真. 现代旅游企业经营与管理实务研究[M]. 上海：水利水电出版社，2017.
[4] [日]藤井乃. 企业经营国际化与中小企业管理的中日比较[M]. 李俊生，译. 北京：企业管理出版社，2016.
[5] 李军. 中小企业管理提升的路径[M]. 北京：经济管理出版社，2014.
[6] 牛迪. 旅游中小企业虚拟经营的风险与防范[J]. 现代营销（学苑版），2014（5）：37.
[7] 蒋春芳. 民族地区旅游小企业发展研究[D]. 重庆：重庆师范大学，2017.
[8] 辛颖. 互联网背景下旅游企业人力资源网络化管理研究[D]. 南昌：江西财经大学，2017.
[9] 武真真. 古村落旅游小企业经营与发展研究[D]. 芜湖：安徽师范大学，2012.
[10] 柏波. 传统旅游企业现代转型的实现路径研究[D]. 上海：上海师范大学，2013.
[11] 赵敏. 中小企业项目融资风险管理的研究[D]. 青岛：青岛大学，2018.
[12] 罗勇. 中小企业成本管理改进与内部控制问题研究[D]. 长春：吉林大学，2017.
[13] 袁媛. 中小企业人力资源外包风险与对策研究[D]. 青岛：青岛大学，2017.
[14] 苏红. 中小企业财务风险及其防范措施研究[D]. 济南：山东大学，2017.
[15] 毕理坚. 中小企业人力资本与企业绩效关系研究[D]. 济南：山东大学，2017.
[16] 李君. 中小企业融资影响因素的实证研究[D]. 昆明：昆明理工大学，2017.
[17] 杨洪. 中小企业在旅游行业中的经营战略选择[D]. 成都：西南交通大学，2002.
[18] 万雯. 基于文化视角的中小企业管理模式的研究[D]. 南昌：南昌大学，2008.
[19] 崔恩山. 企业文化建设视角下的中小企业管理研究[J]. 中国集体经济，2016（13）：44-45.
[20] 武新丽. 中小企业核心竞争力的战略管理研究[D]. 北京：北京邮电大学，2014.
[21] 李晶. 我国中小企业内部控制存在的问题及对策研究[D]. 太原：山西财经大学，2013.